이미지UP

글로벌매너와 에티켓

심윤정 고샛별 공저

GLOBAL MANNERS AND ETIQUETTE

양 성 원

머리말

오늘날 우리 사회는 집단보다 개인의 삶을 더 중시하는 가치관으로 바뀌어 가고 있다. 따라서 '집단 속에서의 나', 즉 사람들과 더불어 살아가야 하는 사회에서는 개개인 스스로가 일정한 질서를 유지하고 필요한 규범들을 자발적으로 지켜야 하는 자세가 필요하다.

이와 같이 학교생활에서나 직장생활을 영위하는데 있어 서로간의 지켜야 할 일정한 규칙과 매너가 필요한데, 이를 소홀히 하여 상대에게 불편함을 주거나 자신의 잘못한 행동으로 조직 전체의 이미지를 떨어트리는 경우가 종종 발생하기도 한다.

매너는 매우 상식적이고 일상적인 것으로, 우리가 학교에 입학하면서 가장 먼저 배우는 '인사하기', '질서 지키기', '상대방 배려하기' 등이 여기에 해당한다. 이 세 가지는 우리가 앞으로 바른 인성을 갖춘 글로벌 인재로 성장하는데 있어 반드시 갖추어야 할 요소들이지만, 우리 모두가 잘 지켜지지 않고 있거나 더 소양을 쌓아야 하는 부분이기도 하다.

아무리 뛰어난 인재라 할지라도 적재적소에 맞는 매너를 갖추고 있지 못하다면, 인재로서 인정받지 못할 것이다. 만약 입사시험의 면접장에서 시험을 보는 당사자가 기본적인 예절이 없다고 판단되면 좋은 결과를 기대하기 어려운 이치와 같다. 즉 에티켓을 행하는 매너는 상대방 중심의 사고를 가지고 행동할 때 상대의 품위와 자신의 품위를 동시에 격상시킬 수 있게 된다는 의미이다.

더 큰 의미에서의 매너는 인간관계에서 윤활유의 역할뿐 아니라 세계 여러 사람들과의 성공적인 커뮤니케이션의 결과를 이끌어내는데 반드시 필요한 마음가짐이라 할 수 있다.

인성과 매너는 타고나는 것이 아니라 의식적으로 배우고 몸에 익혀야 만들어진다. 예절바르고 매너 있는 사람이 되기 위해서는 앞으로도 의도적인 노력이 필요하다.

본서는 이와 같은 기본적인 예절과 글로벌 인재로 성장하기 위한 매너와 에티켓에 관한 내용들을 12개의 챕터로 구성하여 학생들 뿐만 아니라 사회초년생 그리고 직장인들에게 필요한 생활예절, 직장예절, 실전메뉴얼북으로서의 역할을 하고자 한다.

제 1장에서는 인성과 매너에 대한 내용으로, 기본적인 인성의 개념과 바른 인성에 대한 이론적인 내용으로 구성하였고, 제 2장에서는 첫인상과 이미지메이킹에 대한 내용으로 대인관계에 있어 중요한 이미지에 대한 부분으로 나의 이미지 분석과 이미지를 향상 시켜 좋은 이미지메이킹이 될 수 있도록 전개하였다.

제 3장에서는 고객만족에 필요한 서비스마인드와 고객만족 실천전략을 위한 서비스특징들을 학습할 수 있도록 서술하였고, 제 4장, 5장에서는 이문화커뮤니케이션으로 문화배경이 다른 국가와 사람간의 사이에서 발생할 수 있는 상황들을 살펴보고, 미주 및 유럽 국가와 아시아 국가로 나누어, 인사매너, 비즈니스매너, 식사매너, 기타 매너 등을 학습하여 개인 및 공동체의 문제를 해결하기 위한 장을 제시하였다.

제 6장에서는 사회생활에 필요한 인사, 명함, 직장 매너 등 기본적인 비즈니스매너를 통해 실질적으로 비즈니스에 적용할 수 있도록 하였고, 제 7장에서는 대인관계에서 기본적으로 이루어져야 할 대화예절과 커뮤니케이션 방법, 전달력을 높이기 위한 스피치메이킹으로 구성하였다. 제 8장에서는 용모와 복장매너에 대한 필요성과 실상에 적용할 수 있도록 여자, 남자를 분리하여 메이크업에서 복장과 액세서리까지 정리하였으며, 취업 면접에서 활용할 수 있도록 서술하였고, 제 9장에서는 조직의 첫 이미지인 전화매너를 잘 학습할 수 있도록 상황별 응대 멘트를 구성하여 학습할 수 있도록 하였고 더불어 이메일 매너와 넷티켓을 구성하여 직장생활 에티켓을 제시하였다.

제10장에서는 호텔이용매너와 항공매너에 대해 살펴볼 수 있도록 하였으며, 제 11장에서는 국제의전에 대한 그 의미와 목적에 대한 학습을 통해 개인과 조직 그리고 국가 간의 관계를 조화롭게 할 수 있도록 구성하였다. 세부적으로 국제의전의 기본정신과 상석배치, 안내예절 등을 학습할 수 있도록 하였고, 제12장에서는 취업면접매너로 이력서, 자기소개서를 작성하는데 필요한 절차 및 단계를 제시하였으며, 성공적인 면접을 위한 면접형태 및 특징들을 살펴보았다.

시대가 변해도 변하지 않는 것이 있다. 여전히 중요한 것은 인간은 관계를 맺고 살아가는 동물이며 사람들과의 대인관계는 현대 사회를 살면서 매우 중요한 부분이다.

그런 의미에서 본서가 학생들에게는 인성과 예절을 알고 이를 실천하는 사회인으로 발돋움 할 수 있는 역할을, 직장인들에게는 성공적인 글로벌 인재로 한 단계 성장해 나가는데 필요한 서적이 되기를 바란다.

끝으로 저자들의 까다로운 요구에도 항상 최선의 방안을 제시하여 책이 잘 마무리될 수 있도록 도움주신 도서출판 양성원 강철원사장님과 모든 임직원분들께 진심어린 감사의 인사를 전한다.

심윤정 · 고샛별

CONTENTS

Chapter 05 글로벌매너와 에티켓 II

Chapter 06 비즈니스 매너

Chapter 07 대화예절과 커뮤니케이션

CONTENTS

Chapter 08 용모와 복장 매너

Chapter 09 전화 매너와 이메일 매너

Chapter 10 호텔/항공기 이용 매너

Chapter 01

인성과 매너

❶ 인성의 개념과 바른 인성의 필요성

❷ 예절과 매너

학습목표

- 인성에 대한 기본 개념과 특징을 습득한다.
- 바른 인성에 대한 개념과 필요성에 대해 학습한다.
- 바른 인성에서 갖추어야 할 예절과 매너에 대해 파악한다.
- 에티켓과 매너에 대한 차이점에 대해 습득한다.

사전점검

❶ 인성은 인품, 성품, 사람 됨됨이를 말하는 것으로 선천적으로 타고 난다. | YES | NO |

❷ 예절은 원활한 인간관계를 위한 기본적인 소양이다. | YES | NO |

❸ 매너와 에티켓은 같은 의미이다. | YES | NO |

❹ 나는 인성을 갖춘 사람인가? | YES | NO |

❶ N ❷ Y ❸ N ❹ Y or N

01 인성의 개념과 바른 인성의 필요성

1) 인성의 개념

인성(人性)이란 용어는 인품, 성품, 사람 됨됨이 등의 용어로 혼용하여 사용하기도 하며, 사전적 의미는 '사람의 성품', '다른 사람과 구별되는 사고(思考)와 태도 및 행동의 특성'으로 정의된다.

인성을 영어로 번역할 때는 personality 또는 character등의 용어로 사용되고 하고 있지만, 일반적으로 심리학자들은 인성과 관련하여 'personality'라는 용어를 사용하고, 윤리학자들은 'character'라는 용어를 더욱 각각 선호하여 왔다. 특히 심리학에서는 성장 심리학을 중심으로 인성에 대한 논의가 있어 왔으며, 인성을 선택과 행동에 관련된 도덕적 특성으로 정의하고 있다.

인성은 사람이 태어날 때부터 가지고 있는 본연의 성질이다. 그 본연의 성질, 즉 성격에 사람의 됨됨이와 사람다움의 가치에 따른 인격이 내포되어 인성이 형성되는 것이다. 따라서 인성은 선천적으로 타고난 기질과 후천적으로 주어진 환경의 영향으로 개인의 가치관과 의지 등에 의해 변화하는 것이므로 처음부터 고정적인 모습으로 있는 것이 아니라 삶을 통해서 형성되어 가는 것을 의미한다.

학자들의 인성에 대한 정의

학자(년도)	인성에 대한 정의
박성미 허승희 (2015)	인간이 개인적으로 갖추어야 할 바람직한 심성과 사회적으로 갖추어야 할 가치 있는 인격 및 행동 특성으로 정의한다. 그리고 그들이 정의한 인성을 구성하는 요소로 개인적 가치(자아확립, 긍정적인 생활태도, 심리적 소양, 도덕적 책임의식, 도덕적 판단력), 대인 간 가치(타인이해와 동정, 타인용서와 관용, 타인에 대한 존중, 타인배려와 협력), 그리고 사회적 가치(사회구성원 역할/책임, 공동선 추구, 세계시민의식)의 구성요소를 제시하고 있다.
조연순 (2007)	인성이란 자신의 내면적 요구와 사회 환경적 필요를 지혜롭게 잘 조화시킴으로써 세상에 유익함을 미치는 인간 고유의 특성이다.
추병완 (2000)	반인륜 행위의 포발적 증가와 관련해 인성교육의 필요성을 주장한다. 이때의 인성이란, 인간다움 혹은 인간으로서의 바람직한 성품이나 성향, 즉 도덕성을 의미한다.
문용린 (2000)	인성은 개인의 심리적이거나 행위적인 성향이다. 인성은 사람마다 달라서 내성적인 사람이 있는가 하면 외향적인 사람이 있으며, 도덕적인 사람이 있는가 하면 비도덕적인 사람이 있다.
남궁달화 (1999)	인성은 사람의 성품을 가리키는 말로 '마음'과 '사람됨'의 두 가지 요소로 구성되어 있다. 마음은 지·정·의의 근원으로 정신작용의 총체이며, 동시에 시비선악(是非善惡)을 판단하고 실천할 수 있는 능력이다. 사람됨은 통합된 마음을 바탕으로 가치의 실현을 통해 드러나는 모습이다. 개인적 차원에서는 자아를 실현하는 사람에게서, 사회적 차원에서는 도덕적 삶을 살아가는 시람에게서 찾아볼 수 있다. 다시 말해 인성은 사람의 지·정·의의 조화로운 발달을 통해 마음을 통합하고 가치를 추구하며 도덕적인 삶을 살아가는 삶의 모습이다.

2) 인성의 특성

인성이 계발되었다는 것은 개인이 인격적으로 성숙하다는 것을 의미한다. 개인의 인성에 대해서 관심을 가지고 성숙한 인간으로 성장하기를 바라는 것은 자기실현을 통해 행복한 삶을 살고자 하기 때문이다. 올포트(Allport)의 성숙한 인격(Mature Personality)의 특성을 살펴보면 아래와 같다(이주희 외, 2012).

(1) 자아의 확장

인간의 자아는 발달 초기에 개인 자신에게 초점이 맞추어지지만 다양한 경험을 통해 자아 영역이 확대되어간다. 성숙한 사람은 다양하고 의미 있는 일에 관심을 가지고 경험과 참여를 통해 자기 자신의 자아를 확장시켜 나간다.

(2) 타인과 우호적인 관계 형성

인간은 부모, 자식, 배우자, 친한 친구에게 친밀감과 사랑을 표현할 줄 안다.

또한 인간은 고통, 공포, 실패, 기쁨을 이해하는 능력을 지니고 있다. 이러한 표현력과 이해력으로 타인과의 관계를 우호적으로 형성할 수 있게 된다.

(3) 정서적 안정

정서적으로 안정은 자기수용에 기인된다. 자기수용이란 약점과 실패, 강점과 성공을 표현한 자기존재의 모든 양상을 있는 그대로 받아들이는 것을 뜻한다. 따라서 자기존재에 대한 자기수용을 통하여 정서적 안정을 도모하게 된다.

(4) 현실적인 지각

성숙한 사람은 주어진 현상과 세계를 객관적으로 보며, 현실을 정확하게 지각하고 판단하여 미래를 예측하게 된다.

(5) 과업에 대한 책임감

인간은 일에 대한 책임감을 통해 과업을 완수하고 성취감을 느끼며 삶의 의미를 갖는다. 이를 통해 긍정적이고 활력적이며 건강한 삶을 살아가게 된다.

(6) 자신에 대한 이해

자기 자신이 어떤 사람이며 어떤 생각을 가지고 있는지에 대한 통찰력을 지니고 있다. 또한 다른 사람의 의견에 대해 수용적이고 개방적이어서 다른 사람이 자신을 어떻게 생각하고 있는지에 대해서도 이해하고 수용하는 자세를 갖는다.

(7) 일관성 있는 삶의 철학

일관성 있는 삶의 철학을 바탕으로 미래지향적인 긴 안목을 가지고 목표와 계획을 가지고 살아간다. 자신의 삶을 통해 완수해야 할 과업에 대해 뚜렷한 목적의식과 의무감을 가지고 살아가게 된다.

3) 바른 인성의 의미와 필요성

사회생활을 하다보면 '저 사람은 참 버릇이 없어' 혹은 '예의가 없어'라는 말을 하는 것을 종종 듣게 되는 경우가 있다.

바른 인성이란 사전적 의미는 '사람의 성품, 각 개인이 가지는 사고와 태도'인데 이 사전적 정의를 빌리면 좋은 인성을 지닌 사람이란 좋은 성품과 좋은 사고, 좋은 태도를 지닌 사람이라고 할 수 있다.

핀란드의 주택에는 때로 반려동물의 그림이 집 외벽에 그려져 있다고 한다. 이것은 화제 등의 사고가 발생하면 반려동물도 구조해 달라는 표시라고 한다. 모두 평등하게 행복을 누리고 누구에게도 피해를 주지 않으며 함께 기쁜 세상을 만드는 것에 대한 핀란드가 가지는 신념이다. 우리나라와 비슷하게 천연자원이 많지 않은 핀란드는 사람이 곧 자원이라고 생각하여 바른 인성을 가장 기본으로 두고 모두 평등하게 최고의 교육으로 성장하도록 하며, 그 결과는 국제 학업 성취 평가도에서 1위를 기록하고 있다고 한다.

요즘 같이 하루하루가 발 빠르게 변화하고 발전하고 있는 현대 사회에서도 여전히 강조되고 있는 것은 사람의 인성이다. 사회생활을 하면서 사람과의 관계 속에서 인성이 중요하다는 것은 진심이 깃든 배려와 존중이 일상에서 자연스럽게 배어 나오는 것으로 조화롭게 이 사회에서 살아가기 위해 기본이라 할 수 있다.

미래에는 지금보다 좋은 인성에 대한 가치가 높아질 것이다. 정보화 시대에서 개인의 인성은 전보다 훨씬 더 평가 받기 쉬워졌기 때문이다. 평소의 선행이 SNS나 미디어를 통해 세상에 알려져 큰 성공을 거든 사람들도 있다.

인성 좋은 사람의 특징

'인성 좋은 사람'이란 어떤 사람일까?

〈월간중앙〉에서는 2014년 12월 대한민국에서 세계 최초로 '인성 교육 진흥법'이 개정 되어 법에 따라 학교에서 아이들의 '인성'을 가르치게 되었음을 소개하고 있다. 또한 '인성 좋은 사람'이란 어떤 사람을 말하는지 '대한민국 인성 교육대상' 수상자들을 분석하여 그들의 특징에 대해 설명하였다.

1. 훌륭한 경청자다

가장 큰 특징은 상대의 의견을 수용하고 긍정적으로 받아들인다는 것이다.

상대방의 감정을 고려하고 타인의 욕구를 인정한다는 의ㅁ 이며, 또한, 다른 사람을 배려하기 위해 노력한다.

2. 마음먹은 것을 꼭 이뤄낸다.

주장력이 높다는 뜻으로, 자기 생각과 의견을 상대에게 전달하려는 경향이 강하다는 의미인데, 무조건 내 생각을 강요하는 것이 아니라 자기 의사 표현에 명확하고 마음먹은 것을 꼭 이뤄내는 것을 말한다.

3. '우리는 하나' 연대감이 강하다.

일반인보다 타인과의 연대의식이 뛰어나다. 연대감이 높은 사람은 상대방에 대한 동질감과 친밀함을 더 많이 느껴 남의 일도 자신의 것처럼 여기는 경향이 강하고 공동체 의식이 높은 특성이 있다.

4. 즐겁고 재미있는 대화 상대다.

타인의 긴장을 완화해주는 능력이 뛰어나다. 상대방을 편안하게 만들어주며 적절한 위트와 유머로 즐거운 분위기를 만들고, 타인의 말에 감탄사와 제츠쳐도 잘 사용하는 특징이 있다.

5. 남의 일도 내 일처럼 여긴다.

감정이입이 뛰어나며, 상대의 생각과 감정을 이해하기 위해 노력한다. 타인의 딱한 사정을 보고 단순히 동정심을 느끼는 것과는 다른데, 다른 사람의 느낌과 생각을 자신의 것처럼 받아들여 상대를 배려하는 구체적 행동으로까지 나타내는 특징이 있다.

6. 융통성이 뛰어나고 상호작용을 잘한다.

상황 변화에 따라 유연하게 커뮤니케이션을 끌어내고 새로운 상황에 적응을 잘하고 개방적인자세를 보인다. 상호작용 능력을 통해 부드럽고 원활하게 관계를 유지한다.

이처럼 '인성 교육 진흥법'이 개정된 만큼 사회 전반에서 인성에 대한 가치가 중요시되고 있고 인성을 갖춘 인재의 필요성에 대해 느끼고 있다. 요즘 아이들에 대해 지적하기 보다는 학교 현장에서 인성 교육을 본격화하여 바른 인성을 갖춘 아이들로 성장할 수 있도록 지지와 계속적인 관심이 필요함을 시사하고 있다.

출처 : 중앙시사매거진, 2016. 03. 18

사례

서울에 사는 평범한 학생이었던 이민호씨는 평소 버스정류장의 방향 표시 화살표가 훼손되어 있어 불편함을 느꼈다. 특히 나이가 많은 어르신들이 반대 방향의 버스를 타서 어려움을 겪는 것을 보고 안타까움을 느꼈다고 한다.
이민호 씨는 인터넷에서 버스 노선도의 화살표와 가장 비슷한 스티커를 구입해서 직접 자전거를 타고 돌아다니며 일일이 붙여 나갔다. 자신이 붙인 스티커가 비에 젖어 금방 찢어지는 것을 보고는 스티커 제작업체에 의뢰해 튼튼하고 비에 젖지 않는 스티커를 만들어 붙이기까지 했다. 거기에 그치지 않고 스티커를 만들어 붙이러 다니면서 느꼈던 여러 가지 불편 사항을 체크해 서울시에 건의하기도 했다. 이러한 이민호 씨의 선행이 SNS와 언론을 통해 알려지면서 2012년에는 서울시장과 함께 인터넷 방송에도 출연하고 서울시장 표창을 받기도 했다.
이민호 시의 선행에 대한 보답은 여기서 그치지 않았다. 남들보다 스펙이 부족하여 번번히 취업의 문턱을 넘지 못했던 이민호 씨에게 한 통의 전화가 걸려 왔다. 한 대기업의 사회 공헌 파트에서 그와 함께 일하고 싶다고 알려온 것이다.
이민호 씨는 그의 선행을 통해 당당히 대기업에 입사할 수 있었다.
좋은 인성이 좋은 실력을 이긴 멋진 사례라고 할 수 있다.

출처 : 민병철. 2015. 결국, 좋은 사람이 성공한다

02 예절과 매너

사회생활을 하면서 사람과 사람과의 관계 속에서 살아가다 보면 좋은 이미지를 전달하기 위해 예의와 매너가 필요하다. 예의와 매너를 갖춘 사람은 상대에게 호감을 줄 뿐 아니라, 좋은 인상으로 긍정적인 평가를 받을 수 있다. 상대방에게 예(禮)를 나타내는 말투나 몸가짐, 행동 따위를 예의(禮義)라 하며, 인간생활에서 대인적인 말투나 동작의 정해진 꼴을 범절(凡節)이라고 일컫는다. 따라서 예절(禮節)은 일정한 생활문화권에서 오랜 생활 습관을 통해 하나의 공통된 생활방법으로 정립되어 관습적으로 행해지는 사회 규약적인 생활규범으로 예의에 대한 범절로 서양에서는 예절을 매너와 에티켓으로 표현하기도 한다.

1) 예절

예절은 내 마음이 겉으로 드러나는 인간관계의 형식이다. 따라서 예절은 사람이 사회적 동물이기에 반드시 고려해야할 요소이다.

예절은 형식이지만, 그것은 내면의 의식세계를 겉으로 드러내는 것이므로, 만약 상대에게 무례하게 행동한다면, 상대도 역시 그 사람의 내면세계가 잘못되었다고 평가할 것이다. 겉과 속이 다른 것도 바람직하지 못하지만, 표출하는 방식이 잘못되어서 남으로부터 잘 못된 평가를 받는 일도 없어야 할 것이다.

예절은 불변적인 것이 아니라 유기적이며, 세월 따라 변한다. 즉 인간의식의 소산이기에 의식이 변하면 예절도 변하기 마련이다. 뿐만 아니라 문화가 다르면 예절도 달라지는데, 미주 및 유럽 등 서구사회에서의 예절과 우리나라 예절이 다르게 적용되는 것도 문화가 다르기 때문이다.

예절은 항상 상대를 배려하고, 존중하는 마음으로 표출 될 때 제 역할을 다 할 수 있다. 예절은 상호적인 것이지만, 장유유서(長幼有序), 경로효친(敬老孝親)의 전통이 강한 한국 사회에서는 연소자가 연장자를 배려하는 측면이 강하다. 그러나, 세대와 계층, 성별을 떠나 서로가 예의를 갖추고 다가설 때 상호간의 진심이 담긴 매너가 전달될 것이다.

따라서 예절은 의식적으로 배우고 익히지 않으면 안되며, 다른 사람과 소통하고 친화하기 위해서는 상대의 입장에서 배려하는 역지사지의 자세가 필요하기 때문에 의식적인 노력이 필요하다.

2) 매너

매너는 사람마다 가지고 있는 독특한 행동 방식으로, 사회생활을 하면서 만나게 되는 사람들에게 바람직하고 유쾌하며 우아한 느낌을 주고자 소망하는 데서 비롯된 습관이라 할 수 있다. 상대에 대한 경의를 표하는 것이 배려이며, 상대를 인식한 행동으로써 서비스의 기본을 이루는 것이라 할 수 있다.

매너는 어렵거나 까다로우며 거추장스러운 격식이 아니다. 그것은 언제 어디서나 서로의 존재를 인정해주려는 노력 또는 행동이다. 늘 주변사람을 배려하고 또 특별한 상황에 대해서 진지하게 생각하는 습관, 아울러 생각과 행동을 일치시키려는 노력과 자세, 상대방의 문화나 전통에 대한 이해와 정보를 습득하려는 노력을 통해 저절로 생겨나는 것이다.

3) 에티켓

에티켓은 사람들이 살아가면서 사회생활을 좀 더 부드럽고, 쾌적한 기분으로 생활하기 위해 지켜야 할 서로의 약속으로, 법적 구속력은 갖지 않지만, 모두가 지켜야 할 규범적 성격을 띠고 있다.

에티켓이란 용어의 유래는 일반적인 매너 책에서 아주 많이 소개되어 왔다. 가장 보편적인 설은 다음과 같다. 프랑스의 베르사유 궁전에는 원래 화장실이 없었다고 한다. 많은 연회와 방문자가 있던 이 궁에서 사람들이 생리적인 현상을 해결하기 위해 잘 가꾸어놓은 화단에 들어가는 경우가 많았다. 너무 많은 사람들이 이렇게 화단을 망가뜨리는 걸 보다 못한 관리인이 "화단을 밟지 마세요."라고 써서 세워둔 입간판에서 유래했다고 한다.

그런데 관리인의 노고에도 불구하고 생리적인 현상이다보니 그리 잘 지켜지지 않았다. 그래서 프랑스 국왕의 명령으로 입간판의 내용을 반드시 지켜야하는 의무적 성격을 띠게 되었다고 한다.

이러한 에티켓이 프랑스에서 어느 정도 정착된 것은 15세기부터이며, 그 후 루이 14세(1643~1715)때 완전히 정립되었고, 다시 이것을 나폴레옹이 부활시켜 1830년 법령에 의해 현대에 이르는 공식 의전 형식이 되었다. 그러므로 에티켓이란 법적 구속력을 지니지는 않지만, 모두 어울려 사는 사회에서 꼭 지켜야 다른 사람에게 피해를 주지 않는 의무적 성격이 강한 행동 규약이라 할 수 있다.

종합해 보면, 에티켓은 우리의 예의범절이나 법도에 해당하고, 매너는 예의범절이 표출되는 구체적인 행위이다. 예를 들면, 직장에서 상사의 방에 들어가기 전에 노크를 해야 하는 것은 에티켓이고 그 노크를 하는 구체적 행위 자체는 매너이다. '쾅쾅'소리가 크게 문을 두드리면 안에 있는 사람이 놀랄 수 있기 때문에 '매너가 나쁘다'고 말한다. 예의나 에티켓은 '있다, 없다', 매너는 '좋다, 나쁘다'로 표현해야 한다.

이러한 예절과 매너는 사람이 인간으로서 자기 관리와 사회인으로서의 대인관계를 원활히 하기 위해 필요한 것이다. 또한 우리 사회는 생활양식과 사회구조의 급격한 변화로 인한 서구문화의 도래에 준비하고 적응해야 하는 전환기에 있다. 우리 고유의 전통적인 예를 존중하고 다른 문화의 예도 인정하면서 현대 그리고 동, 서양문화를 적절히 조화시켜 국제인으로서 세련된 매너를 실천할 수 있도록 해야 한다.

4) 에티켓과 매너의 차이

에티켓	매너
행동기준	행동으로 나타내는 방법
'나 자신'에 관심	'상대방'에 관심
'있다, 없다'의 유무로 구분	'좋다, 나쁘다'로 구분
형식	방식
화장실에서 노크를 하는 행동 자체	상대를 배려해서 조심스레 노크하는 것

학습 및 토론과제

1. 바른 인성이 사회생활에서 중요한 이유는 무엇인가?

2. 예절과 매너를 구분해보자.

3. 에티켓과 매너의 차이점은 무엇인지 말해보자.

MEMO

Chapter 02

첫인상과 이미지 메이킹

❶ 첫인상과 나의 이미지

❷ 첫인상과 표정

❸ 이미지와 이미지 메이킹

❹ 퍼스널 이미지 브랜딩

학습목표

- 첫인상에 대한 개념과 첫인상의 중요성에 대해 학습한다.
- 좋은 인상의 의미와 나에 대한 이미지를 진단, 분석한다.
- 좋은 첫인상을 위한 표정에 대해 학습하고 좋은 표정 연출법을 습득한다.
- 이미지와 이미지 형성과정, 형성요소, 이미지 메이킹과 이미지 관리에 대한 개념을 학습한다.
- 자신만의 퍼스널 이미지 브랜딩에 대해 학습한다.

사전점검

❶ 첫인상은 몇 초의 짧은 시간 안에 결정된다.	YES	NO
❷ 나는 호감을 주는 인상이다.	YES	NO
❸ 개인의 이미지는 기업의 이미지에도 영향을 미치므로 중요하다.	YES	NO
❹ 이미지 메이킹은 이미지를 새롭게 바꾸는 말한다.	YES	NO

01 첫인상과 나의 이미지

현대 사회에서 사람과의 관계를 맺고 살아가기 위해서는 첫인상이 매우 중요하다. 하루 중 자신의 얼굴을 볼 시간이 얼마나 되는가? 불과 다 합쳐도 30분 남짓 하거나 그것보다 적을 것이다. 결국 나의 이미지는 자신에 의해 결정되는 것이 아니라 다른 사람이 보고 느낀 것에 의해 결정된다는 것을 기억하여 상대방에게 좋은 첫인상을 남길 수 있도록 하자.

1) 첫인상의 의미

첫인상은 소통의 시작이다. 현대사회에서 우리는 많은 사람들을 만나고 또한 관계를 맺으며 살아간다. 이 과정에서 서로간의 첫 이미지를 머릿속에 각인시키는데, 체형은 물론 복장, 말투, 걸음걸이, 앉아있는 모양, 웃는 태도, 손짓, 몸짓 등 모두가 첫인상의 단서가 된다. 즉 순간의 주고받는 모든 정보가 이미지의 판단의 근거가 되는 셈이다.

첫인상이란 처음 만나는 사람에게 보여 지는 정보를 짧은 시간에 상대방에게 각인시키고 그에 대한 평가와 결론을 내리는 것을 말한다. 우리는 상대방에 대한 첫인상이나 각자가 가지는 고유의 이미지로 그 사람에 대한 평가를 하는데 인상이나 이미지가 한 번 형성되고 나면 나중에 그것을 바꾸기란 쉽지 않다.

그럼 첫 인상을 결정하는데 걸리는 시간은 얼마나 걸릴까? 최근 한 광고에서 사람의 첫 인상을 결정짓는 시간을 조사했다.

이 조사 결과에 따르면 미국인들은 15초, 일본인들은 6초, 이에 반해 우리나라 사람들은 단 3초 만에 사람의 첫인상을 결정되고, 30초 안이면 호감, 비호감등의 호감 여부가 결정 되어버린다고 한다. 이렇게 결정된 첫인상이 비호감에서 호감으로 가려면 60번 정도 만나야 그 사람의 이미지가 바뀐다고 하니 그 만큼 첫인상이 중요하다는 의미일 것이다.

결국 첫인상은 처음 대면하는 3초의 극히 짧은 시간에 그 사람에 대한 평가와 결론을 내리는 것으로 처음 대면하는 사람에게 갖는 최초의 이미지이자, 타인에게 자신을 보여주는 첫 단계이다.

오늘날과 같이 정보가 넘쳐나는 사회에서는 호감을 주는 첫인상과 긍정적인 이미지의 연출이야말로 성공적인 사회생활을 위한 필수 조건이라 할 수 있다.

2) 첫인상의 중요성

앞서 말한 것처럼 이미지는 매우 짧은 시간에 결정되며, 호감과 비호감은 우리 뇌에서 아주 순간적으로 결정되기 때문에 첫인상이 나쁘면 상대방의 기억 속에 좋지 않은 이미지로 각인되어 오랫동안 회복하는데 어려울 뿐만 아니라, 많은 시간과 노력이 필요하다.

사회생활에 있어 인간관계는 매우 중요하다. 첫인상이 좋으면 호감을 살 수 있고 지속적인 인간관계도 원활히 이루어지지만, 첫인상이 좋지 않으면 더 이상 만남의 기회조차 제공받지 못하거나 인간관계에서도 어려움을 느낄 수 있다. 첫인상이 중요한 이유는 이처럼 상대방에게 오랫동안 영향을 미치기 때문이다. 첫인상으로 나에 대한 평가와 결론을 내린다는 것이 한편으로는 억울할 수 있다. 그러나 얼굴의 생김새는 타고 나지만 첫인상은 처음부터 타고 나는 것이 아니라 개인의 노력으로 바꿀 수 있다. 어떻게 살았는지, 앞으로 어떻게 살아갈 것인지에 따라 달라지는 후천적인 영향이 크기 때문에 노력만 한다면 충분히 좋은 인상을 만들어나갈 수 있으며, 타인에게 보다 긍정적인 이미지를 전달하기 위해 계속적으로 관리해 나가야 한다.

高大김학진 교수-美교수팀 '첫인상' 실험

이미지는 매우 짧은 시간에 결정한다는 것을 증명하는 재밌는 실험이 진행되었다. 사진 두장 보여주고 버튼 누르게 한 뒤 뇌 촬영한 결과… "측핵서 판단 뒤 안와전두엽서 최종 의사 결정" 호감과 비호감은 우리 뇌에서 아주 순간적으로 결정된다는 연구결과가 나왔다.

호감 여부는 뇌의 순간적 결정

고려대 심리학과 김학진 교수와 미국 캘리포니아공대 신경과학자 랠프 에이돌프 교수, 심리학자 존 오허티 교수팀은 실험 참가자 14명에게 컴퓨터로 만든 얼굴 사진 두 장을 차례로 50밀리초(1밀리초는 1000분의 1초) 동안 여러 번 보여주고 선호하는 쪽의 버튼을 누르게 했다. 그동안 이 연구팀은 참가자들의 뇌를 기능성 자기공명영상(fMRI) 장치로 촬영했다.

대부분의 참가자는 사진을 한두 번만 보고 버튼을 눌렀다. 뇌 영상 분석 결과 처음엔 뇌 한가운데에 있는 측핵(NAC) 영역이 활발히 활동했다가 버튼을 누르기 직전엔 눈 바로 위에 있는 안와전두엽(OFC)의 활동이 증가했다.

김 교수는 "좋아하는 얼굴을 고른 건 NAC, 최종 의사 결정을 내린 건 OFC 영역"이라며 "NAC에서 만들어진 선호도 정보는 OFC로 이동해 저장되는데 이것이 바로 선입견이 될 수 있다"고 말했다. 선입견은 다른 의사 결정에 영향을 줄 수 있다.

이 연구팀은 실험 참가자 11명을 모집해 이번에는 둥근 얼굴을 먼저 선택하고 나서 선호하는 얼굴을 고르게 했다.

둥근 얼굴을 고르는 동안 대부분 참가자들의 뇌에서는 둥근 얼굴을 볼 때보다 둥글지 않은 얼굴을 볼 때 NAC가 더 활성화됐다. 결국 다른 정보(얼굴이 둥근 정도)에 주의를 기울이는 동안에도 NAC는 이미 무의식적으로 어느 쪽이 좋은지 골랐다는 뜻이다.

김 교수는 "처음 만나는 사람과 인사를 나누는 짧은 순간 자신도 모르게 상대방에 대한 호감 비호감은 이미 결정된 상태"라고 설명했다.

이처럼 단순히 사람의 이미지에 대한 결정뿐 아니라 호감, 비호감까지도 극히 짧은 시간에 이루어진다는 실험 결과를 통해 첫인상의 중요성을 더욱 각인시키고 있다.

출처 : 동아뉴스. 2008. 06. 27

3) 첫인상에 따른 효과

첫인상에 영향을 미치는 심리적인 효과는 여러 가지가 있다. 어떤 사람의 인상을 형성할 때는 여러 효과가 작용하여 그 영향이 첫인상 형성에 있어서 결정적인 요인이 된다.

(1) 초두효과(Primacy Effect)

초두효과란 먼저 제시된 정보들이 최종 판단에 부당한 영향력을 갖는 것을 말한다. 즉 먼저 들어온 정보가 나중에 들어온 정보보다 전반적인 인상 형성에 더욱 강력한 영향을 미치는 현상을 말한다. 즉 초두효과는 후에 제시되는 정보나 특성에 대해 주의를 덜 기울이기 때문에 이러한 효과를 주의감소효과(Attention decrement hypothesis)라고도 한다.

(2) 후광효과(Halo Effect)

외모나 지명도, 학력과 같이 어떤 사람이 갖고 있는 장점이나 매력 때문에 관찰하기 어려운 성격적인 특성들도 좋게 평가되는 현상을 말한다. 즉 후광효과는 한 가지 긍정적 특성을 지닌 사람이 다른 긍정적 특성들도 모두 지니고 있을 것으로 평가하려는 경향이 있다.

(3) 부정성 효과(Negativity Effect)

그 사람의 인상 형성에 있어 긍정적 특징보다 부정적 특징이 강하게 작용하는 현상으로 어떤 사람에게 부정적 특성이 하나만 있어도 그 사람에 대한 여러 가지 긍정적 특성을 상쇄시킬 정도로 큰 비중을 차지하여 부정적 인상은 긍정적 인상보다 변화되기가 더 어렵다는 것을 의미한다.

(4) 맥락효과(Context Effect)

처음에 들어온 정보가 나중에 들어오는 정보에 대한 근거를 제공하는 것을 말하는데, 즉 처음 제시된 정보가 나중에 들어오는 정보에 영향을 미치게 되고 전반적인 맥락을 제공하는 것을 첫인상의 맥락효과라 한다.

(5) 대비효과(Contrast Effect)

너무 매력적인 상대와 있으면 그 사람과 비교되어 자신은 오히려 평가가 낮아지는 현상이다. 멋있는 사람 옆에서 사진촬영을 하거나 매력적이고 잘생긴 친구를 사랑하는 사람에게 소개시켰을 때 발생하는 심리적 갈등이 여기에 속한다.

02 첫인상과 표정

1) 표정의 중요성

비즈니스의 기본은 표정부터 시작한다. 얼굴로써 첫인상을 전달할 때 얼굴의 잘생김과 못생김을 떠나 그 사람의 표정이 많은 비중을 차지한다. 밝은 표정은 자신의 인상을 좋게 하나 표정이 어둡고 사나우면 아무리 예쁘고 잘생긴 얼굴이라도 호감을 주기는 어렵다.

우리는 얼굴의 표정으로 다양한 감정과 마음을 표현하며 또한 상대방의 감정을 판단하기도 한다. 우리 얼굴에는 무려 80여 개의 근육이 존재하며 7,000가지 이상의 표정을 만들 수 있다고 한다. 얼굴에 존재하는 80여 개의 근육 중 웃을 때 사용하는 근육은 13개에 불과한 반면 표정을 찡그릴 때는 64개의 근육이 사용된다.

게다가 웃을 때 생기는 자연스러운 주름은 깊이가 얕지만 화를 내거나 찡그릴 때 생기는 주름은 깊은 흔적을 남긴다. 좋은 표정은 사회생활의 출발점이자 인간관계를 위한 좋은 무기라고 생각하고 늘 밝은 미소로 상대를 대하는 습관을 가져야 한다.

2) 호감을 주는 표정

눈의 표정

- 눈동자는 항상 중앙에 위치하도록 한다.
- 상대의 눈높이와 맞춘다.
- 부드럽게 상대의 미간을 본다.

입의 표정

- 입의 양 꼬리가 올라가게 한다.
- 입은 가볍게 다물거나 윗니가 살짝 보이도록 한다.

3) 호감 가는 표정 운동

(1) 눈 운동

- 부드럽고 안정적인 눈매를 만들기 위해서 몸을 바른 자세로 만든다.
- 눈을 감고 숨을 깊게 들이 마신다.
- 숨을 내쉬면서 눈을 뜬다.
- 눈동자를 왼쪽 – 오른쪽 – 위 – 아래의 순서로 이동한다.

(2) 눈썹운동

- 양손의 검지 손가락을 눈썹에 맞대어 일종의 기준선이 되게 한다.
- 기준선 위, 아래 5회씩 반복한다.
- 손가락을 떼고 위, 아래로 5회씩 반복한다.

(3) 볼 운동

- 심호흡을 크게 한 후 풍선을 불듯이 입안에 공기를 힘껏 불어넣는다.
- 볼을 빵빵하게 부풀린 채 좌, 우, 위, 아래로 각각 3번 정도 움직인다.
- 좌우로 3번, 위아래로 3번, 상하좌우로 3번씩 반복하여 공기를 이동시킨다.

- 양손을 볼에 갖다 대고 가볍게 귀 방향으로 끌어올리듯 당기며 '후', '후'하고 소리 내어 여러 번 반복한다.

(4) 턱/볼 운동

- 턱 벌리기 : 더 이상 벌어지지 않을 때까지 벌리고 10초 동안 있다가 원래 상태로 돌아온다.
- 턱 돌리기 : 아래턱으로 동그라미를 그리며 오른쪽, 왼쪽으로 번갈아가며 돌린다.
- 볼 운동 : 입을 다물고 볼 가득하게 공기를 넣어 본다. 공기를 오른쪽 왼쪽으로 보내며 운동을 반복한다.

미소의 효과

- 최고의 인간관계 효과
- 긍정적인 이미지 형성
- 편안한 분위기 연출
- 엔돌핀 발생으로 건강증진
- 삶의 윤택함을 제공

사례

몇 년 전에 뉴욕에 있는 어느 백화점이 가장 붐비는 크리스마스 쇼핑 시간 동안 판매원들이 시달리는 것을 깨닫고 다음과 같은 소박한 철학이 담긴 광고를 냈다.

크리스마스에 보내는 미소의 가치

미소는 아무런 대가를 치르지 않고서도 많은 것을 이루어냅니다.

미소는 받는 사람의 마음을 풍족하게 해주지만, 주는 사람의 마음을 가난하게 만들지는 않습니다. 미소는 순간적으로 일어나지만, 미소에 대한 기억은 때때로 영원히 지속됩니다. 미소 없이 살아갈 수 있을 만큼 부자인 사람은 없고, 그 혜택을 누리지 못할 만큼 가난한 사람도 없습니다.

미소는 가정의 행복을 만들어내며 사업에서는 호의를 베풀게 하고, 우정의 표시로 나타나기도 합니다.

미소는 지친 사람에게는 안식이며, 절망에 빠진 사람에게는 햇빛이고, 슬픈 사람에게는 태양이며, 또한 모든 문제에 대한 자연의 묘약이기도 합니다. 그러나 미소는 살 수도 없고, 구걸할 수도 없으며, 빌리거나 훔칠 수도 없습니다. 왜냐하면 미소는 누구에게나 주기 전에는 아무 쓸모가 없기 때문입니다.

그러므로 크리스마스 쇼핑의 막바지 혼잡 때문에 저희 판매원들 중 누군가가 너무 지친 나머지 미소를 보내 드리지 못하게 되면, 그들에게 당신의 미소를 보내주시지 않으시겠습니까?

왜냐하면 너무나 많은 미소를 준 나머지 더 이상 줄 수 있는 미소가 없는 이들이야말로 누구보다도 더 미소가 필요하기 때문입니다.

출처 : 데일카네기. 2004. 인간관계론

03 이미지와 이미지 메이킹

1) 이미지(Image)의 정의

이미지란 마음속에 그려지는 상(象), 표상(表象), 심상(心象), 영상(映像)의 뜻을 가지고 있다. 어원은 라틴어의 'Imago'에서 이는 사물이나 사람에게 받는 인상과 이전 감각에 의해 얻어졌던 것이 마음속에서 재생하는 것을 말한다. 즉 이미지는 어느 대상에 대한 상, 표상, 심상 등의 다양한 의미를 지니고 있으며, 과거의 경험이나 기억의 상호작용 및 개인 각자의 생활에 의한 연상이나 감정 등이 복합적으로 작용하여 어떤 의미를 불러일으키는 감각적 표현체라고 할 수 있다.

현대를 살아가며 만나는 수많은 사람들은 사람을 만나며 좋든, 싫든 서로의 이미지를 전달하고 또한 이미지를 남긴다. 이러한 이미지들은 우리의 마음을 움직이게 하는 요소들로 작용하게 된다. 결국 한 사람에 대한 이미지란 우리 나름의 사고, 취향에 따라 편집되어 만들어진 그 사람에 대한 생각의 덩어리, 특유한 감정, 고유한 느낌을 말한다. 즉 나의 이미지는 타인이 보고 느낀 나의 모습이며, 나의 이미지는 자신에 대해 스스로 가지는 하나의 심상으로서 지극히 주관적인 개개인의 생각 속에 존재하는 나의 모습이라고도 할 수 있다.

개인에 대한 이미지(Personal Image)는 내적 이미지와 외적 이미지로 나눌 수 있다.

- **내적 이미지(Internal Image)** – 내적 이미지는 개인의 내면에 형성되어 있는 의식과 정서를 포함한 본질적 이미지를 말한다. 보이지 않는 사람의 심리적, 정신적, 정서적 특

성 등이 고유하고 독특하게 형성되어 있는 상태로서 마음가짐, 정신, 성품, 가치관 등으로 구성되며, 아름다운 내적 이미지를 형성하기 위해 바른 인격을 갖추도록 한다.

- **외적 이미지(External Image)** – 외적 이미지는 내면의 본질이 종합적으로 외부로 표출되어 나타나는 현상적인 이미지를 뜻한다. 외적 이미지는 자신의 연령, 직업, 직급, 취향 등에 따라 달리 표현되어야 한다. 매력적인 외적 이미지를 갖기 위해서는 먼저 자신의 체형, 신장, 피부색, 얼굴형 등을 정확하게 파악한 후에 외적 이미지 메이킹을 위한 정보와 지식을 수집하여 끊임없이 자신을 계발하고 가꾸어 나간다면 더욱 멋진 모습을 연출 할 수 있을 것이다.

2) 이미지의 형성과정

이미지의 형성은 올바른 이미지를 보여주는데 필요한, 즉 자신을 상대에게 어떤 모습으로 보여줄 것인가를 정해 놓고 그런 모습이 나올 수 있도록 준비하는 것이다. 이미지를 형성하기 위해서는 내적인 이미지와 외적인 이미지가 효과적으로 연출될 수 있도록 해야 한다.

(1) 외적 이미지 연출방법

표정, 헤어스타일, 용모와 복장, 제스처 등 시각적으로 보여지는 이미지의 연출방법으로 현재 자신의 모습을 닮고 싶은 사람의 모습과 흡사하게 보이게 할 수 있도록 한다.

(2) 내적 이미지 연출방법

외적 이미지와 달리 내적 이미지는 보이지 않는 내면의 나의 모습으로 기본적인 매너와 에티켓을 갖추고, 자신의 장점이나 강점을 찾고 개발하여 나의 브랜드로 각인시키는 동시에 타인을 배려하고 존중하는 자세를 말한다.

자기 이미지 분석

1. 내가 생각하는 나의 장점과 매력은?

– 내적 :

– 외적 :

2. 내가 변화되고 싶은 것은? 개선이 필요한 부분은?

– 내적 :

– 외적 :

3. 나는 어떤 사람으로 보여지고, 평가받고 싶은가?

열정적인	과감한	멋스러운	내성적인	철저한
도전하는	명랑한	털털한	조심성 있는	걱정이 많은
설득력 있는	낙천적인	친절한	인기가 있는	유머러스한
매력적인	깔끔한	겸손한	예민한	예의가 바른

나는 ( ) 사람이다.

3) 이미지 형성 요소

이미지를 나타내는 요소로는 외모(Appearance), 표정(Expression), 태도(Attitude), 말씨(Voice)이미지로 구분할 수 있다. 사람을 접하면 되면 짧은 순간, 보통 20초 이내에 상대방에 대한 첫인상의 이미지가 형성된다. 이미지의 형성과정의 첫 번째 요소는 시각적인 것으로 55%를 차지한다. 두 번째 요소는 청각적인 것으로 38%를 차지하다. 세 번째 요소는 내면적인 것으로 7% 정도 영향을 미친다. 그러나 최근에는 시각적인 요소, 즉 사람의 외모가 80%를 차지할 정도로 이미지 형성에 영향을 미친다.

이처럼 시각적 요소에 해당하는 외모에는 얼굴(피부, 눈썹, 입술모양, 메이컵 상태, 표정, 치아상태 등), 복장, 헤어스타일, 체형, 자세와 태도(몸짓, 행동, 걸음걸이, 시선처리, 매너) 등이다. 사람과 마주하면서 상대방을 전체적으로 보았을 때 자세, 헤어스타일, 복장 순으로 이미지 형성에 영향을 미친다.

첫인상이 시각적인 요소에 의해 결정되는 경우가 많기 때문에 본인의 의지와 상관없이 타인을 위해서라도 외모에 신경을 써야한다. 개인의 이미지는 본인에 의해 결정되는 것이 아니라 상대방이 나를 보고 느낀 것에 의해 형성된다. 하루 중 나의 얼굴을 가장 많이 보는 사람은 내가 아니라 타인이라는 것을 명심하자.

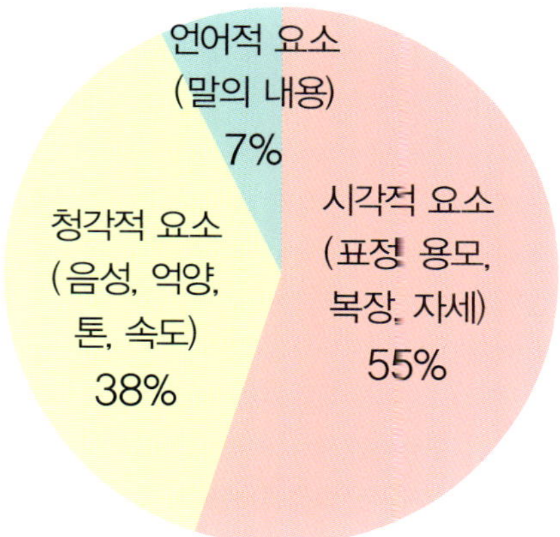

알버트 메라비안 차트

자기 이미지 진단

1. '나'에 대한 이미지를 10개 이상 적어보자.

2. 내가 스스로 느끼는 나의 이미지와 다른 사람이 평가하는 이미지에 대해 적어보자.

나의 평가	타인의 평가

3. 내가 평가한 나의 이미지와 다른 사람이 평가한 나의 이미지 중에 공통적으로 나온 이미지를 적어보자.

4. 자신의 이미지에 부정적 평가를 주는 문제점 찾아보자.

4) 이미지 메이킹(Image Making)

레인건과 부시 등 미국 대통령의 이미지를 성공적으로 만들어 이미지 메이커로 명성을 날렸던 로저 아일즈는 "당신 자신이 바로 메시지다"라는 명언을 남겼다. 개인이 창출해 내는 이미지에 따라 상대방에게 전달되는 메시지가 결정되고 그것을 전달하는 매체는 바로 자신이라는 뜻으로 한 말이다. 이는 사회적 존재인 인간이 자신의 역할을 수행하기 위한 관계 형성에서 이미지가 얼마나 중요하게 작용하는지를 알 수 있게 해준다.

이미지메이킹이라는 단어 자체의 의미는 "이미지를 만든다"라고 할 수 있으나 새로운 나의 이미지를 만들기 보다는 내가 가진 "이미지를 향상 시킨다" 라는 의미가 더 적합하다. 개개인이 가지고 있는 내적요소와 외적요소의 통합으로 자신의 개성과 직업, 신분 등을 그 사람이 추구하는 상황에 맞게 개선시켜 상대에게 호감을 줄 수 있는 최상의 이미지를 만드는 것이라 할 수 있다. 대부분 이미지메이킹이라고 하면 겉으로 보이는 외모에 관련된 부분으로만 생각하기 쉽지만 진정한 이미지메이킹은 자신이 가진 내면과 외면의 모습을 통합적으로 관리함으로써 상대방에게 호감을 줄 수 있는 자신만의 매력을 전달할 때 비로소 '이미지 향상'을 이룰 수 있게 된다.

따라서 이미지 메이킹이란 개인이 추구하는 목표를 이루기 위해 스스로 바람직한 상을 정해 놓고, 그 이미지를 현실화하기 위해 자기 이미지를 통합적으로 관리하는 행위이자 자기 향상을 위한 개인의 노력을 총칭하는 것이다. 자신 스스로 생각하는 주관적인 부분의 장단점을 파악하고 상황에 맞게 자신의 최적화된 이미지를 구축하여 객관적인 평가와 신뢰도를 높이는 의도적인 변화 과정이라고 할 수 있다. 더 나아가 이미지 메이킹은 개인이 가진 이미지를 스스로 분석, 진단하여 직업과 개성에 맞는 바람직한 이미지를 스스로 분석, 진단하여 직업과 개성에 맞는 가장 바람직한 이미지를 만들어 호감도를 높이고 사회적 경쟁력을 향상시키며, 상황에 따른 대인 관계 능력 및 신분과 역할에 어울리는 자기표현 기법을 체득하여 성공적인 자아실현과 삶의 질을 높이기 위한 총체적인 자기 변화 과정이라고 할 수 있다.

이제 이미지 메이킹은 연예인이나 특정인들만 하는 것이 아니라 개성이 존중되는 개인 중심 시대에 자신의 가치와 삶의 질을 높이고자 하는 현대인 모두에게 필요한 도구이다.

5) 이미지 관리

외적, 내적 훈련을 통해 완성된 이미지는 지속적인 관심과 노력이 필요하며 이를 좀 더 긍정적인 결과로 이끌어 내기 위해서는 지속적인 이미지 관리가 필요하다.

자신이 원하는 이미지로 다른 사람들에게 보이기 위해서는 자신의 외모와 행동을 선택하고 통제할 수 있어야 하며, 상대방이 나에 대해 긍정적인 판단을 내릴 수 있도록 적절한 준비와 계획을 세워야 한다. 이미지 관리는 자신의 이미지를 좀 더 바람직한 방향으로 개선함으로써 개인과 개인, 또는 사회 내 대인관계에서 긍정적인 이미지를 심어주고 보다 나은 삶의 질을 고양시킬 수 있도록 노력해야 한다는 것을 의미한다.

좋은 이미지를 가지기 위해서는 자신이 현재 할 수 있는 것부터 하나씩 개선하거나 바꾸는 노력이 필요하다. 예를 들면, 만나는 사람들에게 밝게 인사를 하거나 눈이 마주치면 미소를 짓는 등 평소의 습관에서부터 노력하다 보면 언젠가 다른 사람들로부터도 자신의 이미지에 대해 좋은 평가를 받을 수 있을 것이다. 스스로 어떤 이미지를 가지기를 원하는지 자신의 목표 이미지에 대해 생각하고 어떤 부분을 노력해야하는지 찾는 것부터 자신의 목표 이미지에 대해 생각하고 어떤 부분을 노력해야하는지 찾는 것부터 자신의 이미지 관리는 시작될 수 있다.

이미지 컨설팅

이미지 컨설팅은 각자의 개성을 참고하여 '이미지를 상담하고 제안하는', '이미지를 조언하고 제시하는' 등의 의미를 담고 있으며, 긍정적 이미지를 위한 보완과 수정의 과정을 뜻한다. 사람들은 이미지 컨설팅을 통해 최상의 이미지를 연출하고 외적 이미지를 보완함으로써 내적 이미지를 상승시키는 시너지 효과를 얻게 된다

이미지 컨설턴트

이미지 컨설턴트는 개인이나 단체의 성격이나 특성을 분석하여 그에 적합한 이미지를 만들어주고 고객이 그러한 이미지를 꾸준히 간직할 수 있도록 관리해주는 일을 담당한다. 용모와 화술, 매너, 대화태도 등을 중심으로 고객의 현재 이미지를 분석하고 개인의 문제점을 파악하고 분석한다. 파악된 문제점의 개선하고 상황에 맞는 대화법, 의복차림, 화장법 등을 지도하여 고걱으로 하여금 고객 자신의 최적 이미지를 표현할 수 있는 능력을 기를 수 있도록 돕는 직업이다.

04 퍼스널 이미지 브랜딩 (Personal Image Branding)

브랜드(Brand)란 라틴어로 '각인시키다'라는 뜻이며, 퍼스널 브랜드(Personal Brand)는 자신을 세상에 얼마나 제대로 인지시키느냐가 중요하다.

더욱 복잡해지고, 정교해지고, 날카로워진 시대 속에서 경쟁력 있는 사람이 되기 위해서는 더 이상 자기계발만으로는 부족한 시대가 왔다. 자신의 능력을 정확히 인식하고 자신의 가치를 적극적으로 알리며, 인맥을 네트워크화하는 경쟁력 있는 개인을 요구하는 세상이다. 이를 위해서는 자신을 브랜드화하는 퍼스널 브랜드(Personal Brand)의 개념이 우리 사회에 적극적으로 도입되고 있다. 이러한 브랜드의 개념과 사용이 단순히 기업의 상품이나 서비스에 국한되는 것이 아니라 개인에게까지 확대되고 있으며, 기업의 CEO와 해외로 진출하는 유명 연예인들이 철저하게 자신을 상품화하고 브랜드 전략을 펼치는 현실에서도 그 사례를 살펴볼 수 있다. 제품마다 브랜드가 있듯이 개인에게도 고유한 퍼스널 브랜드가 있을 수 있다.

퍼스널 브랜드는 이미 해외의 여러 명품브랜드에서 그 사례를 찾을 수 있다. 수많은 명품브랜드에서 디자이너의 이름을 딴 브랜드는 모두 성공적인 퍼스널 브랜드의 사례라고 할 수 있다. 미국의 유명한 색조 화장품 브랜드 바비 브라운(Bobbi Brown)의 CEO인 바비 브라운은 메이컵 아티스트로서의 인지도를 발판으로 자신의 이름을 상표로 내걸은 화장품 브랜드를 만들었다. 실력 있는 메이컵의 아티스트라는 그녀의 특성과 이미지는 곧 그녀의 퍼스널 브랜드를 형성하였고, 이는 성공적인 색조 화장품 브랜드를 탄생하게 하였다. 최근에는 연예인이나 방송인, 운동선수는 물론 인터넷을 이용한 온라인 활동으로 평범한 개인이 순식간에 유명세를 타게 되고, 온라인 쇼핑사업 등의 경제활동으로 이어지고 있는 경우도 많다.

결국 퍼스널 브랜드는 개인이 가지고 있는 재능이나 전문적인 능력, 이미지의 총체로 남과 나를 구별시켜 주는 핵심 가치라고 할 수 있다. 명품 브랜드의 제품이 뛰어난 품질로 소비자들의 신뢰를 얻고 소비자들의 생활 가치 향상에 기여하는 것과 같이 사람도 자신의 퍼스널 브랜드를 기반으로 기업과 사회의 요구에 부합하는 능력을 발휘해서 성과 창출에 크게 기여할 수 있을 것이다.

미디어 그룹 타임워너 전 회장 스티브케이스는 "향후 브랜드는 점점 더 중요하게 될 것이다. 그 이유는 시대의 변화가 빨라지고, 복잡해지고, 경쟁이 치열해질 것이기 때문이다"라고 했다. 지금처럼 속도의 시대, 변화의 시대, 경쟁의 시대에는 타인에게 나 스스로를 인지시켜 자신의 존재를 명확히 나타내야 한다. 자신이 존재하고 살아 있음을 증명하는 과정, 타인이 나를 어떤 하나의 메시지나 이미지로 기억하게 만드는 것이 바로 퍼스널 이미지 브랜딩(Personal Image Branding)이다.

사람들은 누구나 남들로부터 인정받고 싶은 욕망이 있다. 인정받기 위해서는 남들과 다른 무엇인가를 보여 주어야 한다. 퍼스널 브랜드는 얼마나 남들에게 인지시키느냐가 중요하다. 자신만의 퍼스널 브랜드를 만드는 출발점은 자신을 파악하고 자신의 정체성을 찾는 것이다.

'자신에 대한 정체성을 보여주는 브랜드 이름을 자신 있게 말할 수 있는가? 예를 들면, 피겨 여왕 김연아, 국민 MC 유재석, 슈가보이 백종원 등의 퍼스널 브랜드는 그들을 남과 확실히 구분짓게 한다.'

퍼스널 브랜드는 자신의 생각, 태도, 행동, 스타일 등을 통해서 남들에게 인지시킴으로써 얻어지는 결과이다. 퍼스널 이미지 브랜딩은 타인에게 남겨진 자신의 전반적인 이미지와 내면의 정체성이 함께 조화를 이루어 표현되는 종합예술이 될 수 있다.

요즘에는 SNS가 발달하면서 일반인도 자신의 브랜드를 만들어나갈 수 있는 환경이 형성되어가고 있다. 자신만의 경쟁력 있는 브랜드로 자신의 가치를 최고로 높일 수 있도록 스스로의 브랜드를 구축하고 꾸준히 관리하고 발전시켜야 한다.

퍼스널 브랜딩의 전략

1. 프로페셔널 전략 : 전문성 갖추기, 능력의 재고 조사(부족한 것은 보충, 부정적인 것은 버리기)
2. 워크프로세스 전략 : 효율적인 업무 스타일, 목표와 계획, 실적을 자료화하기
3. 트레이닝 전략 : 끊임없는 자기 관리, 긍정적 사고, 꿈의 시각화, 열정을 일깨워 줄 멘토 찾기
4. 네트워크 전략 : 좋은 인간관계, 말과 행동의 일관성
5. 프라미스 전략 : 신뢰와 약속
6. 펀 전략 : 웃어라, 그리고 웃겨라(즐거워야 제 실력을 발휘한다)
7. 라이프스타일 전략 : 몸이 최고의 재산, 스트레스 다스리기

출처 : 전미옥, 2004, I am brand

나만의 강점과 약점 찾기

1. 나의 강점과 약점은 무엇이 있는가?

강점	
약점	
개선하기 위한 노력	

2. 나의 장점이나 강점을 통해 좋은 평가를 얻게 된 사례를 찾아 적어보자.

3. 자신만의 퍼스널브랜드로 성공한 사람들을 찾아보자.

퍼스널 브랜드 마인드 맵핑

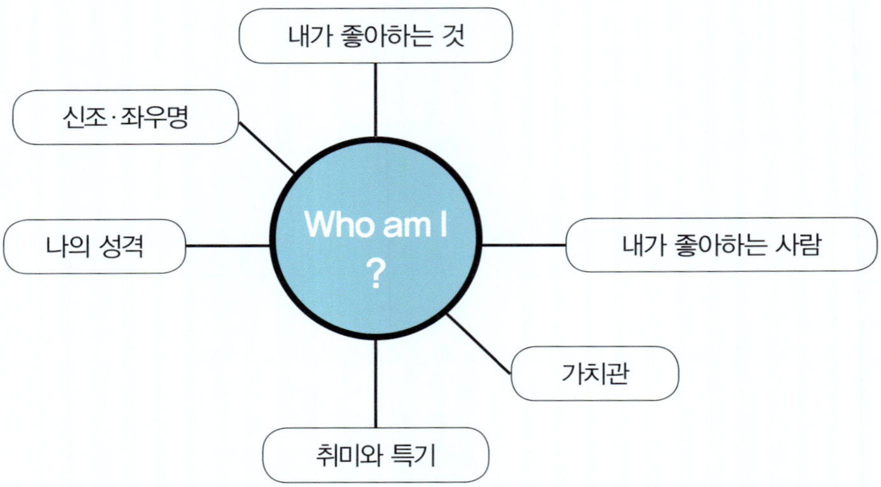

학습 및 토론과제

1. 첫인상이 좋은 사람들의 특징에 대해 생각해보자.

2. 나는 상대방에게 호감을 주는 첫인상을 가졌는가?

3. 나의 표정으로 인해 생긴 에피소드가 있다면 말해보자.

4. 표정이 사회생활에 어떠한 영향을 미치는지 말해노자.

5. 좋은 이미지란 어떠한 것을 말하는지 생각해보자.

6. 좋은 이미지 연출을 위한 방법에 대해 생각해보자.

7. 이미지 메이킹이 잘된 인물에 대해 생각해보고 발됴하여 보자.

Chapter 03

고객만족과 서비스 마인드

❶ 고객만족의 이해

❷ 고객만족을 위한 서비스 마인드

❸ 고객만족 경영의 시작

❹ 고객만족을 위한 실천전략

학습목표

- 고객만족 정의에 대해 학습한다.
- 서비스 마인드에 대해 학습한다.
- 고객접점 M.O.T에 대해 알아본다.
- 고객만족 실천전략을 위한 서비스 특징 4가지를 학습한다.

사전점검

❶ 고객을 응대할 때에는 기업규정과 지침에 의거한 서비스를 설계하고 제공하도록 한다. | YES | NO |

❷ 서비스는 생산 후 소비되는 분리성을 갖고 있다. | YES | NO |

❸ M.O.T의 정의에 대해 잘 알고 있다. | YES | NO |

❹ 고객만족은 서비스보다 제품의 질이 우선시된다. | YES | NO |

❶ N ❷ N ❸ Y or N ❹ N

01 고객만족의 이해

고객만족(Customer Satisfation)의 개념은 카르도소(Cardozo, 1965)에 의해 처음 제시되었고, 현재는 다양한 분야에서 폭넓게 연구되고 있지만, 학자들마다 다양한 이론을 내세움으로써 개념정의와 측정방법에 대한 표준화가 여전히 문제시 되고 있다. 그러나 일반적으로 고객만족은 서비스 제공자와 고객과의 상호작용 시 발생하는 인지적, 정서적 측면을 모두 내포하고 있다는 것이 공통된 견해이다. 그렇다면, 고객만족의 정의와 그 의미를 대표적 학자별로 먼저 살펴보도록 하자.

학자들의 고객만족에 대한 정의

학자(년도)	고객만족에 대한 정의
Tse & Wliton (1988)	서비스에 대한 기대와 불일치 패러다임에 근거하여 고객이 제공받은 서비스가 그들이 예상했던 수준보다 높을 때 발생되는 감정
Johnson & Claes (1991)	소비경험의 결과로 개념화하고, 고객이 치른 대가에 대한 적절한 또는 부적절한 보상을 받았다고 느끼는 인식과 그입한 특정 제품이나 서비스와 관련된 경험에 대한 감정적인 반응이 고객의 구매 경험 전 감정과 결합될 때 발생하는 종합적인 심리상태
Oliver (1997)	불일치된 기대와 고객이 소비경험에 의해 사전적으로 고객이 가지고 있던 감정이 복합적으로 결합하여 발생된 종합적 심리상태라 하였으며 만족은 소비경험으로부터 취득되어진 결과와 평가의 과정으로 정의
Jarnal & Nasar (2002)	제품이나 서비스를 구매하여 사용한 후의 고객태도나 반응

따라서 고객만족의 개념은 고객에게 최대의 만족을 주기 위해, 기대에 부응하고 브랜드가 제공하는 가치를 충족시켜 기업의 발전을 함께 이루어내는 것을 의미한다고 정의할 수 있다.

생각해봅시다.

Q. 내가 생각하는 고객만족이란?

02 고객만족을 위한 서비스 마인드

1) 서비스 마인드

서비스 마인드란 서비스에 관해 자신의 철학과 정의를 가지는 것을 일컫으며, 진정성 있는 서비스 종사원이 되기 위해서는 자신만의 서비스 철학과 마인드가 정립되어야 한다. 이는, 고객에게 서비스를 제공하는 과정에서 종사원의 표정과 태도 등이 서비스 마인드에 중요한 영향요인으로 작용하기 때문이다.

먼저 서비스의 의미를 한 번 되새겨 보자.

서비스의 개념은 그 분야에 따라 다양한 의미로 사용되고 있고, 하나의 정의로 규정내리기는 쉽지 않지만, 분명한 것은 "소비자가 원하는 편익과 만족을 주기 위한 모든 활동"이라 정의할 수 있다. 이 정의를 고객입장에서 재해석하면, '고객이 진정으로 원하는 것을 제공하여 고객으로부터 만족으로 끌어낼 수 있도록 하는 모든 것"으로 해석할 수 있다.

이를 위해서는 종사원의 행동과 태도가 고객이 생각하는 높은 서비스 가치에 도달되어야 하며, 무엇보다 서비스를 제공하는 환경과 서비스 제공 과정이 항상 신속하고 정확할 수 있도록 유지되어야 한다.

다음 서비스의 다양한 의미를 확인하여 보자.

- 이 가게는 서비스가 만점이네요.
- 이 화장품 사면 서비스 없나요?
- 역시 휴대폰은 S사가 최고야. 서비스가 완벽하거든.
- 오늘은 내가 가족을 위해 서비스한다.
- 완벽한 서비스로 고객을 지켜드립니다.

2) 서비스 마인드를 갖추기 위한 마음가짐

고객에게 서비스하는 과정에서의 종사원의 역할은 고객과 기업을 연결해주는 매개체이자 고객이 해당기업을 평가하는 중요한 판단기준이 된다. 따라서 고객접점에서 서비스를 제공하는 종사원은 기업을 대표하며, 자신의 행동이 회사의 이미지를 만들게 되기 때문에, 고객 지향적인 마인드를 언제 어디서나 유지하기 위한 노력을 게을리해서는 안 된다.

실제로 근무를 하면서 자신을 오너처럼 생각하고 일하는 마인드를 가진 사람들은 책임의식과 사명감이 다를 뿐 아니라 고객에게도 긍정적인 평가를 얻을 수 있지만, 단순히 대리인이라고 생각하고 행동하는 사람은 영원히 같은 자리에 머무르게 된다. 고객경제에서 훌륭한 서비스 마인드가 강조되는 이유도 여기에 있다.

Q. 나는 내가 사랑하는 사람들 혹은 고객에게 어떻게 기억되길 바라는가?

Q. 좋은 서비스를 제공하기 위해 앞으로 내가 갖추어야 할 것은 무엇인가?

사례

링겔만효과와 '주인의식'

독일 심리학자 링겔만은 집단 속의 개인의 공헌도를 측정하기 위해 줄다리기 실험을 해봤다. 1대 1 게임에서 1명이 내는 힘을 1백으로 할 때 참가자 수가 늘면 개인이 어느 정도의 힘을 쏟는지를 측정했다. 2명이 참가하면 93으로, 3명이 할 때는 85로 줄었고 8명이 함께 할 때 한 사람은 49의 힘, 즉 혼자 경기할 때에 비해 절반 밖에 내지 않았다.

참가하는 사람이 늘수록 1인당 공헌도가 오히려 떨어지는 이런 집단적 심리현상을 "링겔만 효과"라고 부른다.

자신에게 모든 책임과 권한이 주어져 있는 1대 1 게임과는 달리 '다수 중 한 사람'로서 불과할 때는 익명성이라는 환경을 무기로 전력투구를 하지 않는다는 것을 실험을 통해 밝혀낸 것이다.

또 다른 실험이 미국에서 시행되었다. 일광욕을 즐기던 한 청년이 다른 관광객들 바로 옆에서 녹음기로 음악을 틀어놓고 즐기다 바닷물에 뛰어들었다. 그 후, 도둑 역할을 맡은 사람이 이 청년의 녹음기와 옷가지 등의 소지품을 챙겨 슬그머니 달아났다. 이 상황은 누가봐도 도둑임이 분명했지만 총 20회 실험 중 단 4명의 관광객만이 도둑을 잡으려고 시도했다. 같은 상황에서 하나만 바꿔 실험을 해봤다. 이번에는 청년이 바닷물에 뛰어들기 전에 옆 관광객들에게 "제 물건 좀 봐주세요"라고 직접 부탁했다. 결과는 놀라웠다. 20회 실험 중 19명이 도둑을 잡기 위해 위험을 무릅썼던 것이다.

미국 심리학자 로버트 치알디니 박사는 이것을 "일관성의 원칙"으로 해석했다.

지켜주겠다고 약속한 만큼 자신의 말에 일관성을 유지하기 위해 애쓰게 된 결과라는 것이다. 자신이 여러 명 중의 한 명, 주목받지 않는 방관자로 취급받을 때 사람은 의식적이든 무의식적이든 최선을 다하지 않게 된다. 반대로 혼자만의 책임일 경우나 자신이 그렇게 하겠다고 약속하는 경우에는 위험까지 감수한다는 것을 실험을 통해 알게 되었다. 회사나 조직은 개인들이 각자 활동할 때보다 더 큰 힘을 발휘할 수 있을 것이라는 기대로 만든 집단이다. 그러나 대개의 경우 전체의 힘은 개인의 힘의 합보다 적어져 버린다.

이런 현실에서 경영자의 과제는 무엇인가.

바로, 개인에게 "주인 의식"을 심어주는 것이다.

방관자가 되지 않도록, 익명의 커튼 뒤에 남겨지는 일이 없도록 배려하는 일이다.
주인의식은 절대 상투적인 당위가 아니다.
문제는 주인의식이 어지간한 장치로는 생겨나지 않는다는 것이다.

각자가 남이 알아주지 않더라도 리더가 되겠다는 수양이 반드시 필요하다는 이야기이다.

출처 : 한국경제. 2003. 경영전문기자 yskwon@hankyung.com

03 고객만족 경영의 시작

고객 서비스 산업은 21세기 고부가가치 성장산업으로 이미 자리매김을 하였고, 이제는 경영의 모든 부분을 고객 입장에서 생각하는 고객만족 기법을 활용하고 있다. 이로 인해 고객의 기대를 만족시켜줄 수 있는 제품과 서비스를 제공함으로써 불만을 최소화하고 재구매율을 높이는 등 고객만족을 궁극의 기업목표로 추구하여 왔다.

이처럼, 현재는 제품과 서비스가 상향평준화를 이르게 되면서 결국 남은 것은 '서비스를 통한 만족', 즉 고객만족(Customer Satisfation)이 '제품'보다 '서비스'로 평가받게 된 것이다. 고객만족의 개념은 단순히 만족을 넘어 '고객감동을 실천'하는 이상적 방향성과 결합하게 되었고, 이 개념의 인플레이션이 이루어지는데 가장 큰 공헌을 한 것이 '진실의 순간(M.O.T : Moment of Truth)'이다.

그렇다면, 고객만족 개념을 실천한 결정적 사례 M.O.T에 대해 잠시 알아보도록 하자.

Q. M.O.T는 무슨뜻일까?

M.O.T는 원래 투우용어로써 투우사가 소의 급소를 찌르는 결정적 순간을 뜻하며, '진실의 순간' 또는 '결정적 순간'이라고도 한다. 이 용어를 마케팅 전문가 리차드 노먼(Richard Norman)이 처음으로 경영학에 도입하였고, 이를 스칸디나비아항공의 얀 칼슨(Jan Karlson) 사장이 M.O.T개념을 서비스에 실천함으로써 널리 알려지게 되었다. 즉 투우사가 마지막 순간 칼을 들어 투우소의 결정적인 급소를 찌르는 때를 말하는데 기업으로 본다면 고객과 기업이 만나는 결정적 순간을 뜻하기도 한다.

Q. M.O.T 고객만족 경영전략을 통해 본 스칸디나비아 항공사 흑자경영 비결은?

'결정적 순간 15초'

M.O.T개념을 도입하여 적자에서 1년 만에 흑자경영으로 전환하여 '올해의 최우수 항공사' 및 '고객 서비스 최우수 항공사'로 선정하는데 큰 기여를 한 얀 칼슨 사장은 'M.O.T란 회사의 이미지와 사업의 성공을 좌우하는 중요한 개념'이라고 강조하였다. 기업과 고객이 만나는 순간순간의 접점들이 모여 하나의 사이클을 만드는데 이를 M.O.T사이클이라고 한다.

예를 들어, 비행기 예약을 위해 해당 항공사에 전화를 걸었을 때의 순간, 공항 카운터에서 직원을 만나는 순간, 탑승하여 승무원과의 첫 만남의 순간 등 접점별 응대평균 시간이 15초정도 소요된다는 것에 착안하여, 짧은 순간순간들이 고객이 기업의 이미지와 서비스를 결정하는 매우 중요한 단서가 됨을 알게 되었다. 따라서 고객접점에서 M.O.T의 공식은 100 – 1 = '99'가 아니라 '0'이라는 중요한 수식결과를 나타냈고, 매 접점의 순간 고객감동 실천을 위해 최선을 다해야 함을 강조하였다.

❶ 항공사 정보를 얻기 위해 전화했을 때
❷ 비행기 티켓 예약할 때
❸ 공항 카운터에 도착했을 때
❹ 순서를 기다릴 때
❺ 탑승권 발급을 위해 지상직 직원과 만났을 때
❻ 요금지불 후 탑승권을 받을 때
❼ 출발 입구를 찾고 있을 때
❽ 보안검사대를 통과할 때
❾ 출발 게이트 앞에서 대기하고 있을 때
❿ 비행티켓 건내고 탑승할 때
⓫ 탑승하여 승무원의 환영을 받을 때
⓬ 좌석을 찾고 있을 때
⓭ 좌석에 앉아 목적지까지 가는 동안 안전한 비행과 승무원의 서비스를 받을 때
⓮ 목적지 도착 후 나갈 때

항공사 서비스 M.O.T사이클 예시

04 고객만족을 위한 실천전략

우리나라 속담에 '구슬이 서말이라도 꿰메야 보배다'라는 말이 있다. 바로 실행의 중요성을 강조하는 속담으로 고객만족 경영 또한 실천의 학문이다.

우리가 학습한 스칸디나비아 항공사의 사례에서도 고객접점(M.O.T)경영전략으로 적자에서 흑자경영이 가능했던 것 역시 결국 실행에 의해 얻어진 결과였다. 또한, *1982년 '존슨 앤 존슨'이 '타이레놀' 파동을 겪었을 때 과감하게 1억 달러라는 손해를 감수하고 이미 유통되고 있는 제품을 회수하지 않았더라면 존슨 앤 존슨의 타이레놀은 역사속으로 불명예를 안고 잊혀진 브랜드가 되었을 것이다.

> 1982년 미국 시카고에서 누군가 해열진통제 타이레놀에 독극물을 주입한 사건이 발생하여, 존슨 앤 존슨 회장이 직접 사과했다. 식품의 약국(FDA)이 권고한 시카고 뿐만 아니라 미국 전역에서 3,100만병을 회수했다. 손실비용이 2억4,000만달러나 됐지만 이를 계기로 타이레놀은 현재 시장점유율 1위를 자랑하며, 존슨 앤 존슨은 윤리경영 모범기업이자 가장 존경받는 기업으로 거듭났다.

결국 고객만족의 성과는 최종적으로 고객에 의해 결정되는 것이므로 이들의 관심밖인 '훌륭한 전략'보다 고객과의 공감과 상호작용이 가능한 '작은 실천'에 역점을 두어야 할 것이다.

그렇다면 '작은 실천'을 위한 고객만족 서비스 특징을 살펴보도록 하자.

1) 고객만족 실천전략을 위한 서비스의 4가지 특징

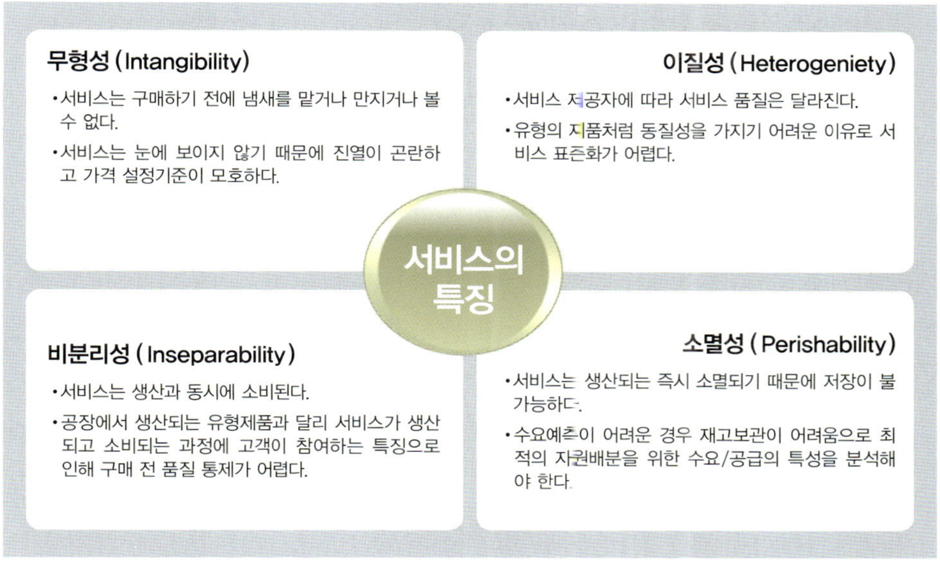

(1) 무형성

무형성은 서비스는 오감을 느낄 수 없는 형태이기 때문에 그 가치를 파악하고 평가하기가 어렵다는 문제점이 있다.

이러한 이유로 인해 기업에서는 유형적 단서를 통해 무형성을 극복하고자 노력하는데 예를 들어, 호텔의 경우는 홈페이지나 여러 매체를 통해 객실컨디션(Room Condition)과 음식의 질(Quality) 등 제공되는 서비스를 간접적으로 체험할 수 있도록 노력하며, 항공사 광고의 경우 승무원의 용모·복장 등이 메인으로 보여지는 것도 모두 제공되는 서비스를 물리적 증거로 보여주기 위해서이다. 또한 한 소셜커머스의 경우 오전 10시 이전 주문 시 '당일배송 택배 서비스'라는 시간적 유형화된 개념을 통해 고객들이 무형의 서비스를 직접적으로 느낄 수 있도록 무형성을 극복하고 있다.

즉, 고객이 가질 수 있는 서비스 편익을 강조하고 이미지를 통해 직·간접적으로 가시화하는 등 유형적 단서를 통해 서비스를 감지하고 평가할 수 있도록 한다.

그러나 무형성을 극복하기 위한 방안들이 경쟁사들의 모방이 쉽고, 서비스 자체가 무형이기 때문에 소유권 이전이 불가능하다는 문제점이 있으므로 지속적인 고객만족 서비스를 위한 방안을 재생산해야 된다는 시사점을 준다.

(2) 이질성

이질성은 서비스 제공자에 따라 해당 서비스 품질은 달라진다는 특징을 갖고 있기 때문에 고객에게 제공되는 서비스의 표준화가 어렵다.

예를 들어, 자주 방문하는 마트를 생각해보자. 물건 구입 후 행사카드로 결제하면 10만원이상 결제시 1만원의 할인을 받을 수 있는 이벤트가 진행중인데, A직원은 결제카드 이벤트에 대한 설명없이 계산처리를 도왔고, 그 다음 주 B라는 직원은 카드 이벤트에 관해 친절한 설명과 함께 혜택받을 수 있는 카드정보를 알려준다면, 고객 입장에서는 무엇을 느끼게 될까?

아마도 같은 마트에서 전혀 다른 서비스를 받았다고 생각될 것이다. 즉, 한 레스토랑에서 같은 음식을 주문하더라도 직원의 친절도에 따라 고객들이 인지하는 서비스품질은 달라질 수 밖에 없는 이치와 같다. 이로 인해, 서비스의 질은 누가 언제 어디서 어떻게 제공하느냐에 따라 그 서비스품질이 달라질 수 있는 이질성을 갖는다.

그럼으로 고객이 종사원들을 통해 같은 장소에서 같은 서비스를 받을 수 있고, 상향 표준화된 서비스와 만족을 제공하기 위해서는 직원들의 표준화된 교육 및 전문성을 지닌 숙련된 자세가 반드시 수행되어야 한다.

(3) 비분리성

비분리성이란 생산과 동시에 소비가 이루어지는 것을 말하며, 유형의 제품처럼 생산 후 고객이 소비하는 것이 아니라 생산과정에 고객이 참여하는 것이 특징이다. 고객참여가 절대적인 중요한 요소가 됨에 따라 서비스 품질통제에 대한 어려움이 크므로, 고객과의 상호작용시 서비스 접점관리가 매우 중요할 수 밖에 없다.

예를 들어, 헤어스타일 변화를 주기 위해 미용실에 방문했다고 가정해보자. 헤어디자이너의 생산과정에 고객은 동시에 소비를 하는 동시성 혹은 비분리성을 갖게 되는데, 이유는 생산과정에 고객이 자신의 헤어스타일 컨설팅에 적극적으로 참여하게 되기 때문이다. 따라서 비분리성을 극복하고 고객만족도를 높이기 위해서는 직원선발과 교육에 집중하여 생산과 소비가 동시에 발생될 때 생기는 문제점을 최소화하여야 할 것이다.

(4) 소멸성

소멸성이란 서비스는 생산과 동시에 소멸되는 특징으로 나중에 판매하거나 이용하기 위해 저장이 불가능한 것을 말한다. 일반 제품처럼 향후 수요에 대비하여 미리 저장할 수 없기에, 수요예측이 어렵다는 문제점이 있다.

예를 들어 호텔 객실의 경우, 그날 판매 가능한 객실 수가 200개가 있지만, 100개의 객실만이 판매되었다면, 판매하지 못한 100개 객실에 대한 매출은 그대로 영원히 사라져 버리게 된다. 남은 객실을 저장하여 후에 판매할 수 없기 때문에 매출을 극대화시키기 위해 최대한으로 판매하고자 하는데, 서비스기업에서 예약시스템이 중요한 이유도 여기에 있다.

항공사의 경우도 마찬가지이다. 비행기좌석을 다 판매하지 못한채 이륙을 하게 되면 남은 좌석은 모두 소멸되므로, 최근에는 경영효율성을 위해 항공사들이 수요가 적은 퍼스트클래스(First Class)를 줄이고 고가 수요를 일부 포기하더라도 빈 좌석을 최대한 줄여 수익을 극대화하는 등의 실리를 추구하는 서비스를 구성하고 있는 추세이다.

그러나 이와 반대로 수요가 공급을 초과하게 되는 경우가 발생하기도 하는데, 객실이 만석일 경우 고객 수용능력 부족으로 잠재적인 매출을 잃을 수도 있음을 명심해야 한다. 따라서 수요·공급의 특성을 잘 분석하여 이에 대비할 수 있어야겠다.

4가지 서비스 특징은 우리가 고객만족을 위해서 가장 기본적으르 지켜야 하고 고객감동 실천을 위해 지속적으로 노력해야 하는 특징들이다. 학습과제를 통해 좀 더 구체적인 대안을 만들어보자.

학습 및 토론과제

1. 고객만족 성공사례 및 실패사례를 조사하여 발표해보자.

2. 고객만족을 위해 기업별(예, 호텔/항공/병원 등) 서비스 4가지 특징들이 갖는 문제점을 해결할 수 있는 고객만족 방안을 각각 마련해보자.

MEMO

Chapter 04

글로벌매너와 에티켓 I

❶ 이문화(異文化) 커뮤니케이션

❷ 미주 및 유럽국가 에티켓과 매너

학습목표

1. 이문와 커뮤니케이션의 필요성과 중요성에 대해 학습한다.
2. 미주 및 유럽국가 별 비즈니스 매너에 대해 학습한다.
3. 미주 및 유럽국가 별 매너와 에티켓에 대해 학습한다.

사전점검

❶ 미국에서는 명함교환이 필수예절은 아니다. | YES | NO |

❷ 영국에서는 약속시간이 철저하기 때문에 5분 늦는 것도 예의에 어긋난다. | YES | NO |

❸ 프랑스에서는 '비쥬(Bisou, Baiser)'가 가장 일반적 인사법으로 비즈니스에서도 자연스럽게 할 수 있다. | YES | NO |

❹ 독일인들은 칭찬을 좋아하기 때문에 비즈니스 미팅 전 상대 바이어에게 호의를 표하며 칭찬을 하는 것이 성과에도 좋다. | YES | NO |

❺ 스페인에서는 팁이 의무는 아니다. | YES | NO |

❶ Y ❷ N ❸ N ❹ N ❺ Y

01 이문화(異文化) 커뮤니케이션

이문화(異文化) 커뮤니케이션은 문화배경이 다른 사람간의 사이에 발생할 수 있는 커뮤니케이션으로 '다름'을 인정하고 상호존중이 수반될 때 서로간의 오해를 줄일 수 있다.

이문화 커뮤니케이션 과정은 단순 정보교환뿐 아니라 지식의 공유와 상호이해를 통한 공감의 과정이며, 이를 통해 개인 및 공동체의 문제를 숙고하여 해결하기 위한 장을 제공하기도 한다. 이러한 이유로 인종, 민족, 언어적 배경이 다른 서로를 존중하고 이해하기 위한 노력의 필요성이 더욱 커지고 있다.

특히 비즈니스 상에서 서로 다른 문화차이에 대한 학습이 되지 않은 채 자신에게 익숙한 문화를 바탕으로 상대국을 판단을 할 경우 그 나라에 대해 정확한 이해를 하지 못할 뿐 아니라 예상치 못한 오해를 일으키기 쉽다.

예로, 성격 급한 한국인들에게 독일인의 꼼꼼함과 늦은 의사결정은 다소 답답하게 느껴질 것이며, 가식 없이 단도직입적으로 의사표현하는 영국인들과의 비즈니스는 '정'을 중요시하는 한국인들에게 다소 낯설게 느껴질 것이다.

따라서, 이문화 커뮤니케이션은 사람 간, 문화 간, 국가 간 등의 다양한 차원에서 이루어지기 때문에 타국문화에 대한 존중과 다양성을 인정하고 받아들이는 자세가 가장 먼저 이루어져야한다.

그럼, 주요 국가들의 이문화 예시들을 통해 타국에 대한 존중과 이해의 배움을 시작하여 보자.

02 미주 및 유럽국가 에티켓과 매너

1) 미국

(1) 인사매너

- 미국인들은 눈으로 하는 비언어적 커뮤니케이션을 중시하는 경향이 있어 악수나 대화할 때 눈을 쳐다보지 않으면 신뢰를 잃을 수 있다.
- 악수를 할 때에는 힘있게 3~4번 흔들어 주는 것이 좋다.
- 미국에서는 악수하는 방식보다 상대에게 얼마나 관심을 표현하는지 그 몸짓과 행동이 더 중요하기 때문에 비즈니스 인사 시 주머니에 손을 넣고 악수하는 것이 상대에 대한 무시 혹은 결례라고는 단정지을 수 없다.
- 포옹은 친분이 있는 사이에서는 상황에 따라 축하, 격려, 반가운 인사가 될 수 있으나, 비즈니스 상 3초를 넘기지 않는 것이 좋으며, 첫 만남 인사시에는 미소와 악수가 더 좋은 대안이 될 수 있다.

(2) 비즈니스 매너

- 실용적 시간관념이 강한 미국인들과의 비즈니스 회의 시에는 Small talk는 3분 이내로 마무리를 하도록 하며 본론에 들어가면 돌려 말하기보다는 상호 입장관계를 명확하게 말하여 회의를 진행하는 것이 좋다.

> Small talk를 할 시, 미국은 다인종 다종교 국가이므로, 특정종교, 인종, 소수민족, 여성외모 등에 대한 차별적 발언 등은 절대로 삼간다.

- 미국인들은 비즈니스 상대국의 문화를 연구하지 않는 경우가 허다하지만, 문화적 차이에 대한 관용이 넓으므로 회의 중 문화적인 갈등 발생 시 적극적으로 우리의 비즈니스 문화를 설명하는 것이 좋다.
- 미국에서는 명함이 필수예절은 아니기 때문에, 나중에 연락을 해야 하거나, 지속적인 거래가 이루어 질때에만 주고받는 것으로 첫 만남 시 명함을 전달했을 때 상대방이 바로 주머니에 넣거나 명함지갑속에 넣는 것에 큰 의미를 두지 않아도 된다.
- 비즈니스 만남시에는 전통적인 정장을 갖추고 만나는 것이 바람직하다.
- 비즈니스 상 거래처와의 선물거래는 자주 있는 일이 아니며, 있더라도 50달러 이상일 경우는 위법에 처하기 때문에 주의해서 준비하는 것이 좋다.
- 개인적 거리를 중요시 하기 때문에 친분이 쌓이기 전까지 개인의 영역을 침해하지 않도록 주의가 필요하다.
- 상대방의 사적인 정보를 묻는 것은 매우 결례이므로 개인의 신상에 관련한 것은 주의를 기울이도록 한다.
- 비즈니스 중 실수를 해서 당황스러운 것을 감추기 위해 한국식으로 미소를 짓게 되면 매우 큰 오해의 소지를 불러 일으킬 수 있기 때문에 주의한다.
- 약속은 최소 1주일 전에 하는 것이 좋다.

(3) 식사 매너

- 미국인들의 저녁식사 자리는 개인적인 관계를 도모하기 위한 자리이며, 비즈니스의 경우는 대부분 점심식사에 이루어진다.
- 식사는 초대한 쪽에서 비용을 부담하는 것이 관례이다.
- 한국과 달리 미국은 팁 문화가 발달된 나라이며, 특히 식사자리에서 Server에게 너무 적은 액수의 팁을 줄 경우 초대받은 사람까지 무안해질 수 있으므로 주의한다. 일반적으로 금액의 10~15%를 건네는 것이 매너이다.
- 상대방의 그릇위로 팔을 뻗는 것은 예의에 어긋난 일이므로 필요한 것이 있을 경우 근처 다른 사람에게 부탁한다.
- 입에 음식을 넣은채 말을 하거나, 식사시 소리 내는 행동은 불쾌하게 여기는 경향이 있어 조심해야 한다.
- 미국에서는 식사시 식기를 조심스럽게 다루기 때문에, 식기를 손에 든 채 제스처를 취하는 것은 매우 결례이자 위험한 행동으로 간주된다.
- 미국인들의 식사자리는 한국인처럼 다 같이 떠먹는 음식문화가 아닌 개인접시에 덜어먹는 등의 위생매너를 중요시 하며, 타인과의 신체적인 접촉을 민감하게 받아들이는 경향이 있어 식사 시 매우 조심해야 한다. 따라서 상대방의 음식에 손을 대거나 자신의 음식을 상대방의 그릇에 옮기지 말아야 한다.

Dip이란 '살짝 담그다, 적시다'라는 뜻을 가지고 있는데 음식을 소스에 찍어먹는 것을 Dipping이라고 한다. Double Dipping은 직역하면 '두 번 찍는다'는 뜻으로, 여럿이 하나의 소스 그릇을 공유할 때 누군가 이미 한 번 입에 들어갔던 음식을 다시 소스 그릇에 넣는 행동을 말한다.

(4) 기타 매너

- 동양에서는 받은 선물에 대한 기쁜 감정을 자제하는 것이 미덕이지만 미국에서는 기쁨 감정을 표하고 선물을 받았을 때는 그 즉시 풀어보는 것이 상대에 대한 매너이다.
- 선물받은 뒤 답례로 카드를 보내는 것이 예의이다.
- 백합은 축하보다는 위로와 애도를 표할 때 주는 것으로 선물로는 적합하지 않다.
- 엘리베이터에서 여성이 타고 있으면 남성은 모자를 벗는 것이 예의이다.
- 공공장소에서 여성을 배려한다.
- 미국에서는 칭찬을 주고 받는 것이 매우 자연스러운 일이나, 공식적인 자리에서는 외모에 대한 칭찬이나 언급은 조심해야 한다.

2) 영국

(1) 인사매너

- 악수는 처음 만났을때나 아주 친말한 관계 ㅇ외는 잘 하지 않는 것이 특징이며, 일반적으로 남성끼리는 악수를 하고, 여성과는 주로 유럽식(뺨을 대는 인사)인사나 가벼운 악수를 건넨다. 남녀간에는 여성이 악수를 먼저 청하지 않았을 경우는 피하는 것이 좋다.
- 인사 시 상대에게 어깨나 팔을 터치하는 것을 불쾌하게 여길 수 있기 때문에 조심해야 한다.

(2) 비즈니스 매너

- 영국인들은 제 3자를 통해서 소개받는 것을 좋아하지만, 불가피한 경우에는 스스로 소개하는 것이 좋다.
- 영국인들은 주로 복장을 검정, 진한 감색 등의 어두운 색상을 입으며, 특히 비즈니스 상 전통적인 정작착용을 한다.
- 한국과 다르게 영국에서는 '우리' 개념보다 '개인'의 개념이 더 중시되고 있기 때문에, 개인적인 질문이나 관심을 매우 불편해하므로 유의한다. 따라서 대화시에도 거리를 두고 이야기 나누는 것이 상대에 대한 여우이다.
- 비즈니스 관계의 파트너나 동료들과는 선물을 주고받지 않으나, 계약체결이 완료된 후 이를 기념하기 위해 선물을 하는 경우가 있다. 이때 기념문구를 새겨 넣은 펜, 책, 와인 등이 좋은 선물이 될 수 있다.

> 몇몇 업체나 학교와 같은 기관에서는 규정상 바이어를 위한 개인선물은 신고를 하게 되어 있는 관계로, 업체/기관 이름으로 기부 혹은 선물을 공유하드록 되어 있으니 참고해야 함.

- 영국은 주 5일제 근무로 약속은 보통 오전 11시에서 오후 4시 사이에 하는 것이 좋으며, 약속없이 직접 회사를 방문하는 행위는 매우 결례이므로 유의해야 한다. 특히, 부활절(3월말~4월 중순), 여름 휴가기간(7월~8월), 크리스마스와 새해(12월 중순~1월 첫째쯔)에는 약속을 피하는 것이 좋다.
- 약속은 반드시 지키도록 해야 하며, 약속시간보다 15분 정도 늦게 도착하는 것은 예의에 벗어나는 아니다.
- 저녁약속의 경우 적어도 1개월전에 해야하는데 이는 가족과의 저녁식사를 중시하는 관습으로 가정으로부터 양해가 필요한 부분이기 때문에 유의한다.
- 식사 후 사교모임에서는 업무이야기는 가급적 지양하도록 한다.
- Lady First 즉 여성배려가 먼저이므로 사소한 상황에서도 매너를 갖추는 것이 좋다.
- 영국에서는 신분에 따른 호칭체계가 매우 중요한데, 처음부터 이름을 부는 것은 큰 결례이므로, 상대방이 서로 이름 부르자는 제안이 있을 때까지 기다리는 것이 좋다. 일반적으로 남성의 경우는 Mr. 여성의 경우는 Ms.라는 타이틀과 성을 붙여 사용한다. 작위를 받은 남성의 경우는 Sir, 부인은 Lady 라는 호칭을 쓰며 작위를 받은 여성의 경우 Dame을 붙인다. 그 외, Dr, Professor등의 타이틀이 있다면 그대로 칭하는 것이 좋다.

(3) 식사 매너

- 일반적으로 고급호텔 등에서 식사할 경우 재킷과 넥타이를 착용해야 하는 경우가 발생함으로 예약을 한 후 dress code에 대해 기본적으로 알고 가는 것이 바람직하다.
- 식사 시 소리가 나지 않도록 유의하며 특히, 국물이 있는 음식은 소리 내어 먹지 않는다.
- 식사매너가 엄격한 편으로 음식을 권하면 처음 한번은 사양하는 것이 좋다.
- 식사 시 타인의 자리를 침범하는 것은 결례이므로 상대방의 접시 위로 팔이나 물

건이 지나가지 않도록 한다. 따라서 소금, 후추 등이 필요할 경우 자신이 손을 뻗어서 가져오는 것이 아닌, 위치가 가까운 사람에게 부탁하여 받는 것이 올바른 매너이다.

- 테이블 위로 팔꿈치를 올리거나 턱을 괴지 않도록 하며,
- 상대의 접시에 있는 음식을 가져오지 않는다.
- 버터는 덜어서 접시 한쪽에 놓는다
- 음식물이 있을 때 말하는 것은 상대에 대한 결례이다.
- 상대방의 식사를 기다려주는 여유 있는 자세를 갖춘다.
- 애프터눈 티(Afternoon Tea)문화가 있어서, 티 시간을 통해 비즈니스 역시 많이 이루어 지기 때문에 영국인들에게 매우 중요한 시간이다.
- 영국에서의 식사 음주문화는 상대의 술 주량이나 기호에 대해서는 간섭하지 않으며, 술의 양보다 그 시간동안의 대화의 깊이에 더 가중치를 둔다.

(4) 기타 매너

- 영국가정에 초대받았을 경우는 빨간장미, 하얀 백합은 피하는 것이 좋고, 와인, 초콜렛 등을 선물하도록 한다. 이때 양주의 경우는 취향이 다양하여 좋은 선물을 기대하긴 어렵다.
- 손가락 브이(V)모양을 안쪽으로 그리는 형태는 오해를 살 수 있는 안좋은 제스처로써 항상 주의해야 한다.
- 영국사람들은 복장에서도 전통을 중시하는 문화가 있기 때문에, 오페라 등의 연주회 관람은 반드시 정장착용을 한다.
- 왕실존중문화가 있으므로 왕실에 대한 코멘트는 항상 조심해야 한다.

3) 독일

(1) 인사매너

- 공식적인 자리에서는 일반적으로 남녀불문 악수로 인사하는 것이 대부분이고, 악수매너에서 직책이 높은 사람부터 낮은 순으로 악수하게 되며, 짧고 강하게 하며 고개를 숙이지 않는 것이 특징이다.
- 공공장소에서 낯선 사람과의 만남도 인사에 응하는 것이 좋으며, 한국식 인사처럼 고개을 숙이거나 식사유무 및 어디가는지에 대한 안부는 피하는 것이 좋다.
- 친분이 있는 관계에서는 뺨에 키스하는 것이 통상적으로 이루어지나, 비즈니스에서는 큰 결례이므로 주의한다.
- 독일인들은 신체적 접촉을 꺼리는 편으로 악수 외 접촉은 자제해야 한다.

(2) 비즈니스 매너

- 가식과 과장된 것을 좋아하지 않은 관계로 너무 과한 칭찬은 오히려 예의에 어긋난 행동이라 생각한다.
- 상대방이 허락하지 않는 경우 이름을 부르지 않고, 성 앞에 Herr(Mr), 또는 Frau(Miss, Ms, Mrs.)를 붙이는 것이 예의이고 직함이나 학위가 있는 경우에는 Herr, Frau뒤에 직함이나 Dr. 등의 학위 칭호를 넣도록 한다.
- 약속을 매우 중요시하는 독일인들은 미팅 신청전에 확답이 오기까지 3~7일 걸리

기 때문에 반드시 협의된 사항에 대해서는 가급적 번복하지 않고 신중하게 검토해야 한다. 특히, 마지막 순간에 약속을 취소하는 경우는 매우 결례를 범하는 행동으로 최악의 경우 비즈니스 관계가 깨질 수 있음을 유의해야 한다.

- 독일 바이어와의 약속은 최소 2주~1개월전어 서면으로 하며, 응답이 없을 경우 전화로 수신여부를 확인하도록 한다.
- 독일은 한국과 달리 탄력적으로 근무시간을 배정하기 때문에 오후 2~3시에 퇴근하는 직원들도 많음으로 오후 4시 이후 약속이 성사되기 어려운 점이 있고, 7~8월, 연말연시, 부화절 및 방학시즌에는 상대방이 부재중이 경우가 대부분임으로 이 기간은 참고하여 피하는 것이 좋다.
- 규모가 있는 비즈니스 만남에서는 약속시간 15분전에 미리 도착하는 것이 좋으며, 소규모 업체일 경우 가급적 약속시간에 정확하게 들어가는 것이 좋다.
- 공과 사 구분을 중시하는 독일인들의 특성상 첫 대면에서 Small Talk보다는 바로 본론으로 시작하는 것이 좋으며, 정치나 종교 등 민감한 주제나 개인적인 질문은 본인이 언급하지 않는 이상 하지 않는 것이 좋다.
- 독일인들은 객관적이고 논리적인 성향임으로 이들을 설득하고자 한다면 객관적인 수치와 데이터 및 자료를 충분히 준비하여 대비하는 것이 좋다.
- 비즈니스 파트너를 집에 초청하는 일은 매우 드문일로, 상당한 친밀감이 형성되어 있을때는 가능하다. 이때 꽃 등 무난한 선물이 선호되지만, 장미, 흰 국화는 피하는 것이 좋으며, 홀수로 하되 13송이 삼간다.
- 독일 역시 여성존중 문화가 있기 때문에, 여성이 방에 들어오면 연령이나 지위에 관계없이 일어선다.

(3) 식사 매너

- 독일인들은 식사매너를 매우 중요시 생각한다. 특히 비즈니스와 관련된 경우 음식을 먹을 때 소리를 낸다거나 마시는 소리를 내는 습관은 큰 결례임으로 주의해야 한다.
- 기후가 습하여 감기가 빈번함으로 코를 푸는 행위는 예의에서 벗어난 것이 아니다. 다

만, 중요하거나 공식적인 자리에서 허락된 행위는 아니라는 점을 유의해야 한다.

- 음식이나 술을 권할 때 'NO'라는 대답을 들었다면 더 이상 권해서는 안 된다.
- 독일인들은 식사 시 양팔을 식탁위에 올려놓고 식사를 하며, 상대의 식사속도에 맞추는 등 상대를 배려하는 식습관을 가지고 있으며, 적절한 대화주제를 택하여 즐겁게 식사를 하는 것을 즐긴다.
- 비즈니스 관련 식사자리에 초대받을 경우 주최자에게 식사메뉴, 와인 등 모든 결정권을 주는 것이 좋다.

(4) 기타 매너

- 독일에서는 한국과 마찬가지로 노인 공경 문화가 자리잡고 있어서, 자리 양보하기, 짐 들어주기 등의 노인공경 에티켓이 베어 있다.
- 선물포장시 흰색, 검은색, 갈색 포장은 실례가 된다.
- 독일은 예술문화를 즐길 때 드레스 코드가 엄격하게 제한되므로, 캐주얼한 복장보다 격식을 갖춘 복장이 좋다.
- 호텔 및 관광시설에서의 팁은 의무사항은 아니지만, 지불의사가 있다면 1~2유로가 적당하다.

4) 프랑스

(1) 인사

- 프랑스에서는 악수 시 손에 힘을 많이 주기 보다 상대방의 손을 가볍게 잡고 한 두번 흔들며 인사를 한다.
- 여성이 먼저 악수를 청하는 것이 순서이지만 지위가 높을 경우 지위를 우선한다.
- 프랑스인들은 악수가 생활화 되어 있기 때문에 만나거나 헤어질 때, 하루에 여러 번 만나더라도 악수하는 것이 어색하지 않다.
- 비즈니스와 같은 공식적인 자리에서는 "비쥬(Eisou, Baiser)"는 하지 않으며, 악수가 가장 일반적인 인사법이다.

(2) 비즈니스 매너

- 약속을 중시하는 프랑스에서는 최소 2주전에는 약속을 해야 하고, 시간변경 및 취소는 상대에 대한 무례한 행위로 간주될 수 있기 때문에 유의한다. 또한, 거래처가 큰 기업일수록, 지위가 높을수록 약속일자를 넉넉히 정하는 것이 선호된다.
- 프랑스에서 바이어를 처음 만났을 때에는 "봉주르 마담(Bonjour, Madame, 안녕하세요)", "메르씨, 무슈(Merci, Mobsieur, 감사합니다)" 등 인사말과 호칭을 함께 건네는 것이 좋다.
- 프랑스에서는 명함 교환이 매우 활발히 이루어 지고, 명함교환의 의미가 상대에 대한 존중과 예의를 나타나기 때문에 명함을 충분히 준비하는 것이 좋다.
- 유럽국가들과 마찬가지로 탄력근무제가 시행되고 있으므로 회의시간을 3시전에 잡는 것이 더 선호된다.
- 다민족 국가이기 때문에 소수 유색인종과 비즈니스 시에는 이들의 문화와 종교적 관습 및 금기시 되는 점들을 사전에 파악하여 실수하는 일이 없도록 한다.
- 격식을 매우 중요시 하므로 복장도 전통적인 정장차림이 더 요구된다.
- 프랑스에서는 거래관계가 형성된 후 서로간의 신뢰가 쌓이면 쉽게 거래처를 변경하는 일이 없고 안정적 거래를 하는 특징이 있어서, 첫 거래가 쉽지 않다는 특징이 있다. 따라서 신용과 신뢰를 주는 행동이 매우 중요하다.

- 비즈니스 성사 전 선물은 뇌물로 간주될 수 있기 때문에 전 보다 후에 시기를 잘 선별하여 고마움을 표하는 것이 좋다. 또한, 프랑스의 비즈니스 접대 문화는 매우 간소한 편으로 답례가 없는 것을 성의가 없다고 단정지을 필요는 없다.

(3) 식사매너

- 프랑스 식사 특성상 준비해야 하는 시간을 배려하여 식사에 초대를 받았을 때에는 약속시간보다 10분정도 늦는 것이 더 좋다.
- 식사시에는 침묵은 결례이므로 대화를 하면서 식사를 즐기기 때문에 식사시간이 길다는 것이 특징이다.
- 식사 중 양손은 테이블 위에 올려놓는 것이 예의이며, 와인의 경우는 잔이 비워질 때마다 채워주기 때문에 원하지 않을 경우 잔에 와인을 조금 남겨놓는 것이 좋다.
- 식사중 업무이야기는 삼가며 디저트가 제공된 이후 비즈니스 대화를 하는 것이 좋은데 호스트가 먼저 업무관련 주제를 꺼내면 대화를 시작하는 것이 좋다.
- 프랑스요리는 전통 코스요리로 알려져 있지만(전식, 주식, 디저트, 커피 등), 점심은 코스요리보다 주식만 먹기도 하기 때문에 상대의 의중을 물어보고 메뉴를 정하도록 한다.
- 식사예절이 까다롭기 때문에 생선요리 먹을 때에도 뒤집어서 먹지 않도록 유의한다.
- 비즈니스 초대시에는 상대방이 먼저 식사를 시작하면, 식사를 시작하도록 하며, 일반적으로 와인을 곁들이는 식사가 대부분이므로 건배 후 식사를 시작한다.
- 초대를 받고 난 뒤에는 감사카드를 전달하는 것이 기본예의이다.
- 식사 시 와인에 대한 정보를 잘 갖추고 대화하거나 간단한 프랑스어를 구사하면 좋다.

(4) 기타매너

- 100유로 이상의 선물은 뇌물 법 규제가 있는 관계로 100유로 이하의 선물이 좋으

며, 와인 혹은 초콜렛 등이 가장 무난하다.

- 대화 중 상대의 말을 끊고 자신의 이야기를 하는 것은 타 문화권에서는 예의에 어긋나는 행위이나 프랑스에서는 상대방에 대한 흥미이자 관심의 표현이 되기도 한다.
- 대중교통 이용시 큰소리로 떠들지 않으며 공공장소에서는 "Excusez-moi(실례합니다)"표현을 수시로 사용한다.
- 영미국가와는 달리 코를 풀때는 조심스럽게 행동한다.

5) 스페인

(1) 인사매너

- 악수, 포옹, 도스 베소스(dos besos)등의 인사법이 있으며, 공식석상에서는 악수가 가장 일반적이다.
- 남녀가 인사를 할 때는 여성이 먼저 악수를 청하는 것이 순서이며, 한국식으로 허리를 숙일 필요는 없다.
- 포옹은 친밀한 관계가 형성이 되었을 때 가능한 인사법으로 비즈니스 첫 만남시에는 바람직하지 않다.
- 도스 베소스(dos besos)란 양쪽 빰을 번갈아 맞대면서 하는 인사법으로 입술을 빰에 대는 것이 아니라 가볍게 소리를 내는 것으로 스페인에서는 매우 보편화된 인사법이다.

(2) 비즈니스 매너

- 비즈니스에서만큼은 시간개념이 철저해 약속시간을 반드시 준수하고, 사전에 미리 도착하는 것이 좋다.
- 스페인은 업무시간이 9시~18시까지 탄력근무를 하는 경우가 있어 비즈니스 만남을 위해서는 통상 일주일전 시간을 확인 후 약속을 잡는 것이 좋다.
- 금요일 근무는 점심시간이 따로 배정되어 있지 않고 15시에 업무마감이 되는 경우가 있으니 업무관련하여서는 금요일 오후는 피하는 것이 좋다.
- 한번 정해진 약속은 가급적 변경하지 않도록 하며, 불가피할 경우 가능한 빨리 사전에 정중히 양해를 구하도록 한다.
- 우정과 의리를 중요시 하기 때문에, 평소 친분과 신뢰를 쌓아두는 것이 좋다.
- 비즈니스 만남에서는 일반적으로 선물거래는 드물다. 특히, 계약체결전 고가의 선물은 오히려 안좋은 영향을 끼칠 수 있으므로 유의하도록 하며, 한국의 전통문화가 담긴 작은 선물이 더 선호된다.
- 비즈니스 관계에서 초대를 받았을 경우에는 반드시 선물을 준비하는 것이 좋으며, 꽃이나 사탕같은 간단한 선물을 준비하도록 한다.
- 스페인사람들은 격식을 중요시 하므로 비즈니스 시에는 반드시 정장을 입도록 하고, 공식적인 만찬이나 행사에 초청되어 갈때는 더욱더 복장에 신경쓰도록 한다. 특히 사교모임의 경우 dress code가 있는 경우가 많으므로 사전준비가 필요하다.
- 스페인은 개인이 프라이버시를 매우 중시하는 문화가 있어서, 개인의 신상에 관련한 질문은 매우 결례이므로 유의한다.

(3) 식사 매너

- 더운 날씨로 인해 열량 소비가 높은 환경을 반영하듯 1일 5식을 하는 독특한 문화를 가지고 있다. 스페인사람들은 더불어 살아가는 삶의 기본적인 태도를 갖고 있어 식사 시간 역시 천천히 즐기는 것을 선호한다.
- 식사시 대화를 충분히 즐기고 중시하는 문화가 있어서 음식을 먹는데만 집중하면

안좋은 이미지를 줄 수 있으므로 대화주제에 대해 생각하고 참석하는 것도 방법이다.

- 식사 중 테이블 위에 두 손을 모두 두며 팔꿈치로 기대는 행위는 하지 않는다.
- 식사는 상대방과의 속도를 배려하도록 한다.
- 팁이 의무는 아니지만 상황에 따라 계산 후 남는 잔돈 등을 팁으로 두고 와도 된다.
- 식사 시 와인 한 두잔을 곁들이는데 자신의 자리에서 가까운 사람의 빈 와인잔을 채워주고 난 후 자신의 와인잔을 채우며, 한손으로 따르고 받는 것이 예의이다. 받을때에는 와인잔 바닥부분에 손을 대놓는 것이 매너이다. 한국식으로 반주를 많이 마시지 않기 때문에 유의해야 한다.
- 식사 중 명함교환은 결례이므로 그 이후에 필요한 경우 명함교환을 할 수 있다.
- 식사 중 음식을 입에 두고 말하지 않으며, 소리나지 않도록 유의해야 한다.
- 빵을 먹을 때는 칼이나 포크가 아닌 손으로 먹는 문화가 있다.

(4) 기타 매너

- 스페인 사람들은 한국식의 '빨리 빨리' 문화와 상반된 성향을 갖고 있어 느긋하고 여유롭다. 따라서 공공기관을 이용하거나 문화생활을 할 때에도 기다림의 여유가 필요하다.
- 스페인사람들은 점심시간에 낮잠 혹은 휴식을 갖는 '시에스타' 문화가 있어서 점심시간이 대략 2시간정도 된다. 정오의 가장 뜨거운 태양열로부터 더위를 피하고 휴식을 위해 생긴 문화이지만, 최근 스페인은 대규모 도시화와 글로벌화가 진행되면서 사무실근무시 태양열기에 더 이상 노출되지 않고 밤이 되기전 업무를 마감하고자 오후 낮잠은 생략하는 경우가 점점 자리잡고 있다.

학습 및 토론과제

1. 외국인과의 교류가 빈번해지면서 나라간 문화적 차이로 인한 여러 가지 주의사항들이 발생하고 있다. 책에 제시된 국가 이외에 다양한 국가들의 주의해야 할 독특한 이문화를 조사하여 발표해 보자.

2. 이문화 커뮤니케이션의 소통이 원활하지 못하여 문제가 발생되었던 국가 간의 사례를 조사하여 발표해 본다.

MEMO

Chapter 05

글로벌매너와 에티켓 II

❶ 아시아 국가 매너와 에티켓

❷ 기타국가 매너와 에티켓

학습목표

1. 아시아 국가 별 비즈니스 매너에 대해 학습한다.
2. 아시아 국가 별 매너와 에티켓에 대해 학습한다.
3. 그 외 기타국가의 매너와 에티켓에 대해 학습한다.

사전점검

❶ 중국에서는 음식을 남기면 예의에 어긋난다. | YES | NO |

❷ 일본에서는 자신이 사용하던 젓가락으로 상대에게 음식을 전달하면 결례다. | YES | NO |

❸ 인도에서는 비즈니스 시에 가족과 관련한 사생활에 대해 이야기 하는 것이 일반적이다. | YES | NO |

❹ 베트남에서는 어른을 만나면 팔짱을 끼고 허리를 굽혀 인사한다. | YES | NO |

❺ 호주에서는 팁 문화가 생활화 되어있다. | YES | NO |

❶N ❷Y ❸Y ❹Y ❺N

01 아시아 국가 매너와 에티켓

1) 중국

(1) 인사 매너

- 현대 중국인은 주로 악수를 하거나 마주보면서 고개를 끄덕이면서 인사한다.
- 우리나라처럼 머리를 숙이지 않고 당당하게 허리를 세운 채 한 손으로만 '니하오'라고 말한다.
- 비즈니스상에서 자기보다 나이가 많은 연장자이거나 지위가 높은 사람을 만나 악수를 할 때에도 머리를 숙이지 않고 한 손으로만 한다. 이때 너무 느슨히 하지 않은 상태에서 1~3초 잡고 있으면 된다. 아니면 성의가 없다고 생각할 수 있다.

(2) 비즈니스 매너

- 비즈니스 만남 시 방문일정을 미리 예약해야 하며 약속시간 15분전에는 도착하는

것이 좋다.

- 명함교환을 선호함으로 명함을 넉넉히 준비하도록 한다.
- 선물교환 시 포장은 빨간색이나 황금색으로 하도록 하며 백색과 청색은 장례식 의미가 있으므로 사용하지 않고, 고가의 선물은 뇌물로 비춰질 수 있기 때문에 특별한 특산품이나 한국전통 선물 등이 선호된다. 또한, 중국인은 선물을 권할 때 받기 전 세 번 정도 거절하는 것이 예의라 생각하므로 계속 권해야 한다.
- 금기시 되는 선물로는 손수건(슬픔을 상징), 꽃(장례용으로 사용), 우산(이별을 상징), 시계(죽음을 의미) 등이 있으므로 유의한다.
- 짝수는 길하고 홀수는 흉하다는 의식이 있어 비즈니스에서 성공적인 교류를 하고자 하면 선물을 할 경우 반드시 기억해야 할 것 부분들이다. 예로 축의금과 선물은 짝수로, 부의금은 홀수의 금액으로 주는 것이 좋다.
- 중국인들은 비즈니스 모임에 절대로 빠지지 않는 것이 술이다. 술을 마실 때 건배를 위해 자리를 자주 옮기기도 하지만 술잔을 돌리는 습관은 없으니 유의한다.
- 중국인들은 대체적으로 복장차림새 보다 브랜드를 더 중시하는 경향이 있고 노타이 차림이 많은 편이다.
- 2월(구정 연휴), 10월초(국경절 연휴), 5월초(노동절 연휴)는 장기 연휴기간으로 대부분의 업체가 장기휴무에 들어가므로 비즈니스 약속은 적절치 못하다. 특히 구정 연휴부터 정월대보름 사이에 국유기업, 정부기관의 업무가 정상적으로 이루어 지지 않으며, 국가법정휴일에도 연속 3일 연휴제를 실시하고 있으니 유의해야 한다.

(3) 식사 매너

- 자신이 사용하던 젓가락으로 음식을 집어주는 습관이 있다.
- 젓가락으로 음식을 찌르거나 식탁에 소리 나게 세게 내려놓지 않는다.
- 중국은 한국과 마찬가지로 각자 계산하는 개념보다 식사모임 주최자나 제안한 사람이 대접하는 것이 관례이다.
- 그릇을 깨끗하게 비우는 것은 준비한 음식이 부족했다는 뜻과 더 달라는 의미로

비춰질 수 있어 음식을 조금 남기는 것이 좋다.

- 음식점에서 식사 초대를 받을 경우 중국인이 지정하는 자리에 앉는다.
- 지역에 따라 틀리기는 하지만 대부분 밥그릇을 들고 젓가락을 사용하는 특징이 있다.
- 중국인은 원형회전테이블에서 식사를 주로 하는데 일반적으로 초대한 사람이 입구를 바라본 가장 안쪽 자리에, 손님은 초대자의 오른쪽에 자리하게 되는데 이는 중국에서 오른쪽을 왼쪽보다 중시하는 문화에서 비롯된 것이다. 주인과 마주보고 출입구를 등진 자리는 말석으로 주로 초대자를 도와 손님을 접대하고 심부름 등을 하게 되는 실무자의 자리가 된다.
- 원형테이블은 시계방향으로 천천히 돌려가며 음식을 조금씩 덜어먹는데 멀리 있는 요리를 일어서서 집거나 원판을 자기 앞에 고정시키는 것은 결례이다.
- 음식이 차려지면 모임 최고 손님에게 가장 먼저 권하는 것이 예의이다.
- 사용하고 난 수저를 다른 사람에게 보이지 않는 것을 예절로 여기기 때문에 식사를 다 마친 후에 숟가락을 엎어 놓아야 한다.

(4) 기타 매너

- 차를 마실 때 차는 찻잔에 가득 따르지 않고 찻잔의 반 정도만 따르고, 상대방이 차를 권했을 때 마시고 싶지 않더라도 맛보는 것이 예의이다.
- 임산부에게 태아의 성별을 묻는 것은 무례한 행동이다.
- 여성에게 옷 브랜드를 묻거나 상대방 면전에서 신발을 벗거나 옷을 추스려 입는 행위는 삼간다.
- 친구 집에 초대받았을 때 약속시간보다 조금 일찍 도착하는 것이 예의이며, 중국 친구의 어머니께 농담을 하는 것은 무례한 행동이다.

2) 일본

(1) 인사 매너

- 일본에서는 서로 머리를 숙여 인사를 한다. 머리를 살짝 숙이는 가벼운 인사부터 가슴까지 머리를 더 숙이는 더 정중한 인사가 있다.
- 머리를 숙이면서 정중하게 하는 인사를 오지기라고 한다. 오지기는 '앉아서 하는 절'과 '서서 하는 절'의 2가지 자세가 있다.
- 회사 동료와 친구의 친구들에게는 '에샤쿠'라는 정식적인 오지기를 한다. 에샤쿠는 우리나라의 목례처럼 약 15도의 각도로 허리를 굽히면서 머리를 숙이면 된다.
- '센레이'란 앉으면서 하는 오지기를 가리키는 말이고, '게이레이'는 선 채 인사하는 가장 정식적인 오지기, 가장 정중한 '사이케이레이'는 오지기 중에서도 드문 절로 중요한 고객과 시부모와 처부모, 상사 등에게 하는 인사이다.

(2) 비즈니스 매너

- 일본인과의 비즈니스 협상 시 가장 중요하게 고려해야 할 부분은 업무적인 부분뿐 아니라 개인적으로도 상대방에게 최선을 다해야 한다. 이는 일본인들이 비즈니스매너나 룰을 매우 중요시 하는 국민이기 때문이다. 아무리 좋은 상품이라도 신뢰관계가 형성되어 있지 않으면 성공적인 비즈니스 관계구축은 힘들다.
- 시간약속을 매우 중요시하기 때문에 약속시간 10분전에 도착하는 것이 좋지만, 너무 일찍 도착하는 것은 결례이며, 지각은 신뢰를 줄 수 없다. 지각할 수밖에 없

는 사정이 발생될 시 미리 전화로 양해를 구하여 상대의 시간이 허비되지 않도록 하는 것이 예의이다.

- 일본 비즈니스 문화에서는 전통적으로 회색이나 남색 정장이 선호되어 왔으나 시대변화에 따라 컬러의 변화가 있어왔지만 큰 규모의 회사나 공공기관에서는 현재에도 전통적인 스타일의 정장을 선호한다.
- 일본은 좌식이 일반화 되어 있어 레스토랑 방문 시 신발을 벗어야 하는 경우가 빈번히 발생함으로 양말의 색상도 신경 쓰는 것이 좋다.
- 여성의 경우 정장차림이 좋으며 한국과 마찬가지로 액세서리, 향수, 화장 등은 과하지 않은 선에서 적절히 하는 것이 좋다.
- 일본 비즈니스 문화에서 선물교환은 매우 중요한 풍습이다. 여름에는 '오츄우겐', 연말에는 '오세이보'라는 선물을 거래처끼리 교환하는 문화가 있다.
- 비즈니스 관계에서 선물을 전할 때에는 선물이 고가일수록 비즈니스성과와 연결되는 구조가 아니며 오히려 부담을 줄 수 있기 때문에, 일본인들이 선호하는 한국산 김치, 김, 과자 등 간단한 식품 등을 선물하는 것이 좋다.
- 일본인들을 선물을 받을 때 선물을 준 사람이 돌아간 후 포장을 여는 습관이 있고, 선물 받을 때 2번 이상 거절의 의사를 보이는 것은 문화의 일환으로 이해하면 된다.
- 선물교환 시 적절치 못한 것으로는 손수건(절교를 의미), 칼(자살 혹은 단절을 의미), 불과 관련된 제품은 하지 않는 것이 바람직하며, 선물의 개수는 4개 혹은 9개가 되지 않도록 유의한다. 특히, '4개'는 불행을 가져온다고 믿으므로 유의한다.
- 일본에서는 아무리 친분이 두터운 사이라도 포옹을 하거나 볼을 만지는 인사는 일반적이지 않기 때문에 조심하도록 한다.
- 일본의 비즈니스 문화에서 명환 교환은 한국만큼 신뢰 관계를 형성하는데 매우 중요한 의미를 가진다.

(3) 식사 매너

- 일본에서 식사매너는 젓가락과 관련된 것이 많다. 따라서 젓가락의 올바른 사용이 상대국가에 대한 매너이자 에티켓이 될 수 있는데, 젓가락을 바로 쥐지 않고 움켜쥐는 것은 일본인에게 큰 위협의 의미로 다가감으로 주의해야 한다.
- 일반적으로 일식당에서는 개인이 먹는 용도의 젓가락과 음식을 퍼오는 젓가락은 구분해서 놓고 먹고, 이와 같은 맥락으로 술잔을 돌리는 풍습 역시 없다.
- 상대방에게 자신의 젓가락을 사용하여 음식을 건네는 것은 결례이다.
- 식사 시 젓가락으로 식기를 옮기는 행위, 젓가락을 무는 것, 식기 위에 젓가락을 두는 것과 음식물을 찌르는 등의 행위는 불결한 행동으로 자제해야 한다.
- 한국의 경우 밥 위에 반찬을 얹어 한꺼번에 입에 넣는 것이 어색하지 않지만 일본에서는 하얀 흰밥을 더럽힐 뿐만 아니라 반찬에 집착하는 것처럼 여겨 밥과 반찬은 따로 먹는 것이 일반적이다.
- 한국과 달리 첨잔문화가 일반적인데, 상대의 술잔이 가득 채워져 있지 않을 경우 가득 채워주는 것이 예의이다.
- 일본의 비즈니스 매너에서 식사 시 상석은 출입구에서 가장 먼 자리 즉 도코노마에 가장 가까운 자리가 최고 상석이 될 수 있으며, 초대받은 사람의 경우는 상대방 보다 직위가 높아도 끝자리에 앉는 것이 원칙이다.
- 일반적으로 식사비는 초대한 측이 지불하는 것이 맞고, 접대 중에서는 일에 관한 이야기보다 친분을 쌓을 수 있는 다양한 화제를 찾아 이야기를 나누는 것이 관계형성에 더 이롭다고 할 수 있다. 다만, 역사, 정치, 상대방 개인의 신상 등의 이야기는 공감대형성에 적절치 못함으로 피하도록 한다.

(4) 기타 매너

- 일본사람들은 역의 홈에서도 발밑에 줄서는 위치가 그려져 있을 정도로 줄이나 순번을 지키는 것을 중요시 하며 이것은 시간을 할애해서 먼저 온 사람들을 존중하기 때문이다.

- 대중교통수단을 이용할 때는 통화를 삼가도록 한다.
- 식탁에 팔꿈치를 올리면 예의에 어긋나는 행위라고 생각한다.
- 일본에서는 집이나 료칸 등 일본식 건물에 들어갈 때 신발을 벗는 습관이 있는데, 일본에서는, 어릴 때부터 '벗은 신발은 가지런히 두도록' 교육받고 자라기 때문에 신발을 아무렇게나 벗어 놓는 사람은 '칠칠치 못한 사람'이라는 인상을 준다.

3) 인도

(1) 인사 매너

- 인도는 우리나라처럼 경로사상이 강한 편이어서 '나이'와 '직책'에 따른 서열문화가 존재하기 때문에 연장자에게 예를 갖추는 것이 필요하다.
- 인도의 전통적인 인사법은 '나마스테'라는 인사말과 함께 턱 아래에 손을 합장하고 가볍게 고개를 숙인다.
- 윗사람에게 존경을 표하고 싶을 때는 '뿌라남'이라는 인사말을 쓰기도 하는데, 그 의미도 어른 앞에 고개를 숙이고 인사를 한다는 뜻이다.

(2) 비즈니스 매너

- 인도인들과의 인사법은 자신 있게 손을 내밀어 악수하는 서양식이 가장 무난하다. 단, 상대가 여성인 경우 악수를 청하기보다 목례로 대신한다. 인사 시에는 가급적 시선을 유지하면서 대화하는 건 여느 나라와 비슷하다.

- 인도는 명함을 주고받을 때에는 모두 오른손을 사용하는 것이 좋다. 이는 왼손의 사용이 신성하지 않다고 여기기 때문이다.
- 인도인들은 시간약속을 유동성 있게 잡는 것을 선호하기 때문에 언제든지 약속은 변경될 수 있음을 염두 해 두어야 한다.
- 인도회사의 근무시간은 보통 9시반~5시이고, 점식식사시간은 오후1~2시 사이로 참고하여 비즈니스 상담시간을 잡는 것이 좋고, 경영층은 일반적으로 오전 11~오후4시 사이에 약속 잡는 것을 선호한다.
- 비즈니스 만남 시 누군가를 부를 때 손가락으로 가리키거나 손바닥을 위로해서 상대를 부르면 모욕적으로 받아들인다.
- 상대의 외모로 사람을 평가하고 판단하는 관습이 있어 용모, 복장 등에 신경을 써야 한다. 단, 인도 문화특성상 가죽으로 된 의상은 피하는 것이 옳으며, 짧은 치마 혹은 반바지 등은 적절치 못하다.
- 인도를 방문할 시 더위와 몬순(계절풍으로 바람이 광범위한 지역에 걸쳐 불기 때문에 교통이 용이하지 못하다)을 피할 수 있는 10~3월 사이에 방문이 가장 좋으며, 종교적 공휴일에는 비즈니스가 이루어 지지 않음으로 지역별 공휴일과 날짜 등을 사전에 미리 확인하여 방문하는 것이 좋다.
- 인도인들은 가정에서 일이 발생 시 비즈니스 자체가 불가능하기 때문에 스케줄변경과 지연이 자주 발생됨으로 유의해야 한다.
- 인도인들은 대가족문화가 발달되어 있어 가족과 관련한 개인사생활에 대해 이야기하는 것이 일반화되어 있다. 따라서 비즈니스 상담 시 상대방의 가족에 관련한 것을 자주 물어보는 것이 일종의 호의관계의 표시라 할 수 있다. 하지만 비즈니스 자리에 따라 먼저 사적인 질문을 하는 것은 피하도록 하고 사적인 질문의 내용을 조절할 수 있어야 한다.
- 인도인들은 한국과 달리 긍정의 표시로 고개를 흔들거나 8자형으로 빠르게 고개를 움직이기도 하는데 이는 상대의 이야기에 공감한다는 표현방식임으로 오해가 없도록 한다.

(3) 식사 매너

- 인도는 채식주의자가 많은데 이는 카스트 종교에 기인한 것으로 카스트의 상향이동을 원하는 사람들은 채식을 철저히 지키려그 노력한다.
- 인도의 대표적 종교인 힌두교는 소를 신성시 여기기 때문에 소고기를 먹지 않고 대신 닭고기, 양고기를 먹는다. 단, 돼지고기는 더러운 것으로 여기기 때문에 잘 먹지 않는다.
- 인도에서는 왼손과 오른손의 사용이 엄격히 구별되어 있어서 왼손은 용변을 본 후 사용하며, 식사를 할 때에는 오른손을 사용한다. 따라서 레스토랑 등 식당에서 식사 전 핑거볼이 나오는 것은 식사 전 손을 씻기 위해서이다.
- 음식을 먹을 때에는 개인 그릇에 준비된 스푼으로 덜어먹고 물을 마실 때에는 컵에 입을 대지 않고 조금 떨어진 채로 부어먹는다. 이는 침이 음식을 오염시킨다 생각하기 때문에 음식을 먹고 손가락을 빠는 행동도 결례임으로 주의한다.
- 식사 시에도 대화를 하게 되면 침이 음식을 오염시킬 수 있다고 생각함으로 대화는 식사가 끝나고 손과 입을 씻고 난 후 가능하다.
- 인도에서는 음식을 남기지 않는 것이 예의이다.

(4) 기타 매너

- 인도인이 좋아하는 주제는 정치, 크리켓, 영화 그리고 최근 인도의 경제적 개혁과 성장 등이며, 국민적 스타나 스포츠에 대해 알거나 질문하면 매우 반가운 반응을 보인다.
- 한국과 마찬가지로 경로사상이 강해 나이와 직책 등에 따른 서열 문화가 존재하기 때문에 한국에서와 마찬가지로 연장자에게 예의를 갖추는 것이 좋다.
- 인도 문화는 손님 접대를 중요시하며, 집으르 초대하는 경우도 흔하다. 이때 가벼운 제과 제품 등을 선물로 들고 가는 것이 여의이다.
- 상대방의 머리를 만지는 것은 실례 되는 행동으로, 친한 사이라 하더라도 가급적 하지 않는 것이 좋다.

4) 베트남

(1) 인사매너

- 베트남에서는 아랫사람이 어른들을 만날 때 일반적으로 팔짱을 끼고 허리를 굽혀 인사한다. 이때 어른들은 큰 움직임 없이 인사하거나 고개를 약간 끄덕이고 인사한다.
- 베트남의 인사말은 '신짜오'로, 만날 때나 헤어질 때 아침, 점심, 저녁을 구분하지 않고 사용할 수 있다.
- 베트남 사람들은 악수 할 때는 주로 동성과 하며 왼손을 오른손 손목에 감싸 두 손으로 악수 하는 것이 예절이며, 남녀가 악수할 때 남자는 여자가 악수를 먼저 청하길 기다리며 만약 여자가 청하지 않을 시 가벼운 목례를 한다.

(2) 비즈니스 매너

- 베트남의 업무시작 시간은 보통 8:00~8:30 시작하여 17:00~17:30에 종료하는 것이 일반적이며, 베트남은 점심시간 동안 낮잠시간이 존재한다.
- 미팅을 잡을 시 최소 1주일 전 사전 미팅 예약 필요하며, 대부분 주 5일제 근무이기 때문에 토요일 미팅은 되도록 삼가도록 하고, 저녁에 미팅을 하는 것보다 아침에 미팅하는 것을 선호한다.
- 비즈니스 복장은 남성의 경우 정장 재킷을 제외한 와이셔츠와 넥타이 착용하고 여

성은 일반적으로 드레스와 정장 착용하며 정장 재킷은 공식적인 행사와 중요한 미팅에만 착용한다.

- 베트남에는 '져여이툰('고무줄 같은 시간'이라는 뜻)'라는 말이 생겨날 정도로 일반적으로 베트남 사람들은 시간 약속을 잘 지키지 않는 경우가 많은데 한국식의 빨리빨리 마인드로 재촉하지 말고 느긋한 마음가짐을 갖는 것이 필요하다.
- 상대와 첫 미팅일 경우 베트남 사람들은 딱딱한 업무내용보단 자기소개 등 격식에 얽매이지 않는 대화를 해 미팅 상대와의 상호관계를 돈독하게 만들기를 선호한다.
- 베트남 사람들은 대체로 '안돼' 라는 말을 싫어하는데 이는 제의를 거절하는 부정적인 의미라고 느끼며 상호관계를 깨트리는 단어라 믿기 때문이다. 또한 베트남 사람과 만남 시 대화를 침묵을 일관하면 상대방의 의견을 반대한다는 의미이기 때문에 큰 결례이다.
- 명함은 항상 처음 만남에서 교환하며 베트남 사람들은 명함 교환 시 가벼운 목례를 하는데 이는 상대방에 대한 존경을 표하는 행동이다.
- 베트남 사람들의 이름은 보통 '성–중간이름–이름' 순으로 이뤄져 있는데 다양한 존칭을 잘 구분하여 사용해야 한다. 존칭으로 인한 오해를 불러일으키고 싶지 않다면 'Mr. 000', 'Ms. 000'처럼 상대의 이름을 부르는 것이 좋다.

사회적 지위나 연령이 높은 남자 쭈(Chu), 사회적 지위나 연령이 높은 여자 꼬(Co), 사회적 지위나 연령이 상대적으로 높은 남자 안(Anh), 회적 지위나 연령이 상대적으로 높은 여자 찌(Chi), 사회적 지위와 연령이 낮은 남자 또는 여자 엠(Em)으로 존칭한다.

(3) 식사매너

- 베트남에서 업체와의 식사는 비즈니스의 한 부분이며 특히 업체와의 저녁식사는 상호관계와 친밀한 관계 발전에 도움을 준다.

- 베트남은 여타 동남아시아 국가들과는 달리 이슬람교신자는 거의 없는 편이고, 음식에 대한 특별한 제약사항은 없다.
- 식사 시 술을 받게 된다면 건배 후 마셔야 한다. 이때 술잔은 오른손에 쥐고 왼손으로 받쳐 건배를 해야 하며 건배 시 주로 하는 말은 '못 참 펀 참(100% 잔 비우기!)'과 '쭉 숙 쾌(건강을 위해!)' 등이 있다.
- 권하는 차나 음식을 거부하는 행동은 무례한 행동으로 생각한다.
- 과일이나 달콤한 음식이 나오면 식사의 막바지란 뜻이며 식사가 끝나면 초대해준 관계자에게 악수와 감사표시를 해야 한다. 식사나 과일을 먹을 때 음식을 덜어주거나 술을 따라주는 행동은 초대한 측에서 모두 도맡아서 하는데 이는 초대한 측에서 시중을 들어야 한다는 인식 때문이다.

(4) 기타매너

- 베트남 사람들이 외국인을 보면 미소를 짓는데 이 이유는 비아냥이 아닌 외국인에 대한 수줍음으로 웃게 되는 것이므로 오해하지 않는다.
- 대화 시 베트남 사람들은 나이를 잘 물어보는데 이것은 나이를 통해 친밀감을 만들기 위한 목적이며, 허리에 손을 얹거나 팔짱을 끼는 행동과 손가락질 등의 행동을 절제하도록 한다. 또한 어깨동무는 친구들 사이에서도 금기시되어지는 행위이다.
- 대화 시 금기해야 할 주제는 성적농담, 정치, 공산주의, 베트남 전쟁, 베트남 정부, 종교 등 자존심 상하게 하는 말은 삼간다.
- 베트남 가정에 초대를 받았을 경우에는 과일, 과자 등 그들이 좋아하는 것을 선물하며, 일반적으로 검은색의 물건, 손수건, 노란색 꽃, 국화는 선물하지 않으며 선물은 원색의 포장지에 포장한다.

02 기타국가 매너와 에티켓

1) 호주

(1) 인사매너

- 호주 사람들은 모르는 사람에게도 자연스럽게 인사를 건네고 받는다.
- 인사를 하거나 안부를 물을 때 캐주얼하고 편안하게 하게, 보통 'Hi' 또는 'Hello'를 주로 사용한다.
- 호주의 대표적인 인사말은 '지데이(G-day)'이다. 이것은 'Good day'의 줄임말로 회화에서만 사용되며 비교적 친분이 있는 비공식적인 자리에서 사용된다. 반면, 공식적인 자리라면 악수를 나누며 'Good morning', 'Good afternoon' 또는 'Please to meet you' 등의 정중한 표현을 사용한다.
- 호주인들은 쿠션용어가 습관화 되어있다. 대화를 나눌 때는 상대방의 눈을 바라보며 이야기하고, 칭찬을 받았을 때는 가볍게 인정하고 감사의 인사를 한다.

(2) 비즈니스 매너

- 약속 시간을 정하지 않고 업체를 방문한다는 것은 예의에 어긋난 행동이다. 특히 큰 업체의 경우 1~2개월 전에도 약속을 잡기 어려울 때가 있으므로 사전약속에 주의를 기울이고, 주중 저녁이나 금요일 오후, 주말은 피해야 한다.
- 근무 시간 이후에 업무를 처리하는 경우는 거의 없다.
- 비즈니스 선물은 상대가 부담을 느끼지 않게 저렴한 것으로 선택하고, 휴대하기 편한 펜이나 열쇠고리, USB 정도가 적당하다.
- 명함은 악수를 교환하고 자기를 소개한 뒤에 건네는 것이 예의이다.
- 비즈니스나 공식적인 상황에서도 호주인들은 단도직입적으로 말하는 편이다.
- 개인주의 원칙이 철저한 호주 사람들은 대화를 나눌 때 개인정보(나이, 직업 등)등 사적인 질문은 예의에 벗어나는 행동이다.
- 호주에서는 눈을 보며 대화하는 것은 상대방의 말을 존중하고 집중해서 듣고 있다는 뜻이기 때문에 대화할 때 눈을 보지 않으면 상대방이 불쾌감을 느낄 수 있다.

(3) 식사매너

- 호주는 전통음식이 없으며, 이민자들의 나라라고 불리는 만큼 세계 여러 나라의 음식을 즐겨먹는 편이다.
- 조용히 식사를 하며 스프 그릇을 들고 마시거나 면 요리는 소리 내어 먹지 않는다.
- 식사가 끝난 후에는 그릇 치우는 것을 도와주거나 설거지를 도와주는 것이 일반적이다.
- 음식점에 들어설 때는 대부분 음식점에 입구에 자시를 안내해주는 사람이 대기하고 있거나, 손님을 발견하면 안내하러 나오게 되어있다. 그들에게 자리 안내를 받지 않고 무턱대고 식당 안으로 들어가서 빈곳에 앉으면 무례하다는 인상을 줄 수 있다.

- 레스토랑에서 음식을 다 먹었을 때는 접시를 치워 달라고 손을 들지 않고 포크랑 나이프 (나이프가 오른쪽에 오도록)를 나란히 4시 방향으로 놓고 기다린다.
- 저녁 식사 초대 받았을 때는 약속 시간 보다 10분 늦게 도착하는 것이 예의이며 꽃, 와인, 초콜릿 등의 선물을 준비한다.

(4) 기타매너

- '퍼스널 스페이스'는 타인과 나 사이에 있어야 할 최소한의 공간을 말하는데 좁거나 번잡한 장소에서 몸이 스치거나 밀쳐져 퍼스널 스페이스가 깨지면, 상대방이 불쾌함을 느낄 수 있으므로 지나칠 때 몸을 부딪히지 않도록 주의한다.
- 일본, 영국처럼 호주도 도로에서 왼쪽으로 운전한다. 또한 에스컬레이터 앞이나 계단에서도 항상 왼쪽에 있어야 한다.
- 팁문화가 생활화 되어있지 않기 때문에 서비스에 아주 만족했을 때만 고마움을 표시하면 된다.
- 호주에서는 부모의 동의 없이 아이를 함부로 간지거나 쓰다듬으면 부모님들이 불쾌해 하거나 심하면 항의를 받을 수도 있다.
- 공원 등 공공장소에서 음주 행위는 금지 되어 있다.
- 담배에 대하여 엄격하여 대부분의 건물과 공공장소가 금연구역이다. 담배를 피울 수 있는 곳이라 해도 옆 사람에게 양해를 구한다.

학습 및 토론과제

1. 우리와 다른 나라와 민족·전통과 관습·언어와 몸짓의 이해 즉, '이문화 커뮤니케이션'이 수반돼야만 서로 간의 오해를 줄일 수 있다. 책에 제시된 아시아 국가들 간에 효율적인 이문화 커뮤니케이션 방법에 대해 토의 해보자.

2. 아시아 국가나 기타 국가 등 방문한 경험이 있는 국가가 있다면 그들의 독특한 이문화와 관련한 에피소드에 대해 발표해 보자.

MEMO

Chapter 06

비즈니스 매너

1. 비즈니스 매너
2. 자세 매너
3. 인사 매너
4. 소개 매너
5. 악수 매너
6. 명함 매너
7. 직장 매너

학습목표

- 비즈니스 매너의 개념과 필요성에 대해 학습한다.
- 비즈니스 상에서 필요한 기본적인 매너와 에티켓에 대해 습득한다.
- 직장생활을 위한 매너에 대한 필요성을 인식하고 학습한다.
- 직장 매너에 대해 학습하고 연습을 통해 익힐 수 있도록 한다.

사전점검

❶ 비즈니스 매너는 직장 생활에서 받아들여지거나 요구되는 관습에 의한 형식이나 에티켓 등을 말한다.	YES / NO
❷ 악수는 우리나라 인사순서와 반대다.	YES / NO
❸ 명함은 종이 한 장에 담은 또 다른 나의 소개서이다.	YES / NO
❹ 나는 비즈니스 매너를 갖추고 있으며 실행이 가능하다.	YES / NO

❶ Y ❷ Y ❸ Y ❹ Y or N

01 비즈니스 매너

1) 비즈니스 매너의 이해와 필요성

어느 사회든 다른 사람과 함께 살아가기 위해서는 지켜야할 기본적인 생활규범과 예절은 필수조건이다. 비즈니스에서도 상황과 격식에 맞는 태도와 행동이 있는데, 이를 '비즈니스 매너'라 한다. 비즈니스 매너는 사회적 관계에서 상대방에게 호감을 주며, 폐를 끼치지 않고, 존경하는 자세를 말하며, 상호간의 배려있는 마음을 느끼게 하는 원동력이 된다.

또한, 사회적 관계나 직장생활에서 요구되는 형식 및 에티켓을 뜻하기도 하는데, 전통과 사회적 기대, 행동에 기초하여 이해, 친절, 능률, 상식으로 나타나게 된다.

서로의 마음을 느끼게 하는 좋은 비즈니스 매너는 상대에게 신뢰감을 주고 나에 대한 신뢰감은 우리 회사의 이미지로 이어진다. Brody는 적절한 비즈니스 매너를 이행함으로써 좋은 매너로 긍정적인 인상을 얻을 수 있으며, 전문가로 인식됨으로써 나에 대한 신뢰는 높아질 것이라 했다.

그러나 직장생활을 하면서 본격적으로 비즈니스를 하게 되면 상황에 따라 어떻게 행동해야 하며, 어떻게 대처를 해야하는지에 대해 모호한 경우가 종종 발생한다. 사회생활을 하기 전에는 실제로 비즈니스 매너를 경험해 볼 기회가 없었기 때문에 서툴기 마련이지만, 회사에 입사를 하는 순간부터 상사, 동료, 후배 혹은 고객들로부터 자신의 매너는 관찰되며 평가된다.

이러한 관찰 결과에 대한 피드백은 자신 뿐 아니라 기업의 이미지와도 연결되기 때문에 무례하고 성의 없는 태도는 상대에게 오해와 불쾌감을 줄 수 있으므로 정중하고 올바른 매너를 갖추고 실천 할 수 있도록 해야 한다.

따라서 대학생들은 취업 전에 미리 기본적인 비즈니스 매너에 대해 이해하고 매너를 익혀서 사회나 혹은 직장에서 어떻게 행동을 해야 하는지에 대한 개념을 가지고 사회에 진출하는 것이 좋으며, 직장인들은 계속적으로 비즈니스 매너가 이루어질 수 있도록 스스로를 점검하고 지속적으로 실천해야 한다.

브론(Brawne)는 비즈니스 매너가 교육을 통해 이루어져야 함을 지적하면서 다음과 같은 결과를 가져올 수 있다고 주장하였다.

1. 비즈니스 매너에 대한 지식은 양질의 인생과 직장에서 작업의 능률에 긍정적인 역할을 한다.
2. 비즈니스 매너를 배우고 활용하는 것은 자기와 같이 일하는 사람들이 곤경에 처했을 때 현명하게 결정하는데 도움과 영향을 준다.
3. 비즈니스 매너교육을 받은 사람은 비즈니스 매너를 통하여 개인적인 행동과 사회적인 행동 사이에서 취해야 할 행동을 구분할 수 있게 된다.
4. 비즈니스 매너를 통하여 자신의 이미지뿐만 아니라 기업의 이미지를 높임으로써 일을 수행함에 있어 주 역할을 담당할 수 있게 된다. 즉 비즈니스 매너는 직업현장에서 삶의 질을 향상시키며, 직원들의 학습 분위기가 조성되고, 동료 간의 예의가 지켜지면서 활발한 커뮤니케이션이 이루어지게 한다. 이는 결과적으로 이윤을 창출하는데도 중요한 역할을 할 수 있으며, 기업의 이미지를 높일 수도 있게 된다. 곧 비즈니스에서는 나 자신이 브랜드이자 기업을 대표하게 된다. 따라서, 직장생활 및 일생생활에서도 좋은 인간관계와 자신의 이미지 관리를 위해 비즈니스 상 지켜야 할 매너를 익히고 나만의 경쟁력을 높이도록 하자.

사례

엄마가 안 가르친 '밥상머리 예절'… 부장님이 나섰다

최근에 신입사원의 예절과 인성의 부족함을 느끼는 기업들의 예절교육이 생겨나고 있다.

1. LG그룹은 올해 신입 사원 교육 프로그램으로 '직장 예절'을 신설했다. 인사하는 법, 자동차·엘리베이터 탑승 시 상석(上席) 구분하는 법, 이메일 작성법 등을 가르친다. LG 관계자는 "'회사에서 예의범절까지 가르쳐야 하나'하는 의견도 있었지만 사원들 사이에서 '입사 후 예의범절을 잘 몰라 어려움을 겪었다'는 얘기가 많아 신입 사원 교육 과목에 포함시켰다"고 말했다.

2. 민병철 교육그룹은 지난 2007년 신입사원 예절교육 매뉴얼을 만들었다. 전화받는 법, 상사에게 보고하는 법, 업무 관련해 지적받았을 때의 표정 관리 요령까지 포함시켰다. 4년 전부터는 입사 면접에서 예의범절과 인성(人性)을 최우선으로 본다. 홍지민 민병철교육그룹 부장은 "수직적 예의범절이 아니라 일할 때 지켜야 할 매너를 가르친다. 예의 없는 사람은 결국 팀워크를 해쳐 조직에 해가 되더라"고 했다.

PR컨설팅업체 커뮤니크는 사원 교육용 식사 예절 매뉴얼을 두고 있다. 신명 커뮤니크 대표는 "비즈니스를 잘하려고 밥을 먹으러 나갔다가 상대의 기분을 상하게 해 오히려 망치는 경우가 많다. 가정에서의 '밥상머리 예절'이 사라지다 보니 회사에서라도 가르쳐야겠다 싶었다"고 했다.

중소기업 사장 이모(48)씨는 얼마 전부터 직원들과의 회식을 횟집에서만 한다. 고기를 구워야 하는 고깃집의 특성상 누군가가 고기를 굽게 된다. 그는 "내가 신입일 땐 선배가 밥값을 내니까 고기 굽는 일쯤은 할 수 있다고 생각했는데 요즘 젊은이들은 그런 일들을 '배려'가 아니라 위계에 대한 '굴종'으로 여기는 것 같다"고 했다.

"대면 스킬이 아쉽다"

'디지털 온라인 세대'인 신입 사원들의 '대면(對面) 능력'이 떨어진다는 것도 관리자 입장에선 고민이다.

2년 차 신입 사원 김진완(30)씨는 직장 내 대면 문제로 어려움을 겪고 있다. 김씨는 초등학교 5학년 때부터 인터넷을 사용했다. 친구들과의 대화는 주로 카카오톡으로 한다. 그는 "사람과 얼굴을 보고 1대1로 이야기하는 게 부담스럽다. 문자메시지는 시작하는 말과 끝내는 말이 없어도 되니

편한데 전화 통화는 시작과 끝맺음을 어떻게 해야 할지 몰라 힘들다"면서 "보고를 문자메시지로 한다고 회사에서 지적을 받았는데 그게 예의에 어긋난다는 사실도 그때 처음 알았다"고 말했다.

'대면 스킬'의 부족은 직장 내 대인 관계 문제로도 이어진다. 양문영 롯데주류 부장은 "요즘 신입 사원들의 가장 큰 약점은 사람을 대하는 데 서투르다 보니 '센스'가 없다는 거다. 예전 후배들은 '태도가 잘못됐다'고 하면 알아들었는데 요즘엔 구체적으로 지적해야만 고친다. 그런데 지적 사항 외의 '플러스알파'가 없다 보니 관리자 눈엔 무성의하게 보이는 것"이라고 했다.

"가정교육부터 문제"

기업 관계자들은 "결국은 가정교육이 제대로 안돼 생기는 문제"라고 입을 모았다. 친구 같은 부모 밑에서 떠받들려 자란 젊은이들이 직장에서 부모 아닌 어른과의 관계를 난생 처음 쌓아가다 보니 갈등이 생긴다는 것이다. 개념없는 일부 부모가 자녀의 직장 생활을 망치기도 한다. 한 중소기업 대표는 "업무가 미숙한 신입 사원을 꾸짖었더니 부모가 전화해 '왜 우리 애를 야단치느냐'며 항의했다. '우리 애 내일부터 회사 안 나간다'며 전화로 퇴사를 통보하는 부모도 봤다"면서 "부모가 타인에 대한 예의나 배려가 없으니 자식도 그런 걸 배우지 못하는 것 같다"고 말했다.

젊은이들 탓만 할 게 아니라 사회구조 자체의 문제를 짚어야 한다는 지적도 있다. 전상진 서강대 사회학과 교수는 "해고도 문자로 통보하는 무자비한 기업이 등장하는 사회에서 사표를 문자로 제출하는 청춘이 생겨나는 건 어쩌면 당연한 일 아닌가"라면서 "불안정하고 불확실한 시대를 견뎌내고 있는 요즘 젊은이들의 특성에 맞게 기업 문화가 변하고 있는지도 따져봐야 한다"고 했다.

신입사원 예절교육을 놓고 기업들이 고민에 빠졌다. 예전에는 가정 교육을 통해 자연스레 익히던 기본 예의를 갖추지 못하고 입사하는 20대 중반～30대 초반 신세대 직원들이 많아지면서다. 이른바 '오피스 예절교육'. 아이 키우듯 하나부터 열까지 가르쳐야 한다는 의미에서 '오피스 육아'라는 말까지 나오는 실정이다.

출처 : 한국경제. 2003. 경영전문기자 yskwon@hankyung.com

02 자세 매너

자세는 행동예절의 기초가 되며, 첫인상에도 영향을 미치는 요소 중 하나로 몸가짐이 바르지 못하면 부정적인 인상을 줄 수 있다.

바른 자세란 언행과 태도, 자세가 상대에게 편안함과 배려하는 마음을 전달하는 것으로 바른 자세를 지니는 것은 예를 지키고 올바른 정신 자세를 갖춘 자신감 넘치는 사람으로 보이게 한다. 다른 사람에게 호감이 가는 사람이 되기 위해서는 생활 속에서 바른 자세를 몸에 익히고 끊임없이 노력해야 한다.

1) 선 바른 자세

- 무릎은 힘을 주어 붙인다.
- 발뒤꿈치는 붙이고 앞발은 약 30°정도 벌리고, 여성은 'H'자로 만든다.
- 배는 힘을 주어 앞으로 내밀지 않도록 한다.
- 등줄기는 꼿꼿이 편다.
- 가슴은 쭉 펴고 턱은 당긴다.
- 시선은 정면을 향한다.
- 부드러운 표정으로 미소를 짓는다.

2) 앉은 바른 자세

- 한쪽 발을 뒤로 당겨 균형 있게 앉는다.
- 여성의 경우 스커트 뒷자락을 한 손으로 잡고 앉는다.
- 어깨너머로 의자를 보고 의자 깊숙이 앉는다.
- 남성은 두 다리를 자신의 어깨너비만큼 벌리고 양손은 무릎위에 나란히 놓는다.
- 여성은 다른 한 발은 당겨 나란히 붙여 비스듬히 내놓는다.
- 무릎과 발끝은 모으고 손은 모아 무릎 위에 올려놓는다.
- 턱은 당기고 시선은 정면, 상대의 눈을 본다.
- 표정은 부드럽게 미소를 짓는다.

3) 걷는 자세

- 어깨와 등을 곧게 펴고 시선은 정면을 향한다.
- 무릎은 곧게 펴고 배를 당기며 몸의 중심을 허리에 둔다.
- 턱은 당기고 시선은 자연스럽게 앞을 본다.
- 팔은 자연스럽게 흔들고 무릎은 스치듯 걷는다.
- 발 앞 끝이 먼저 바닥에 닿도록 하며 걷는 방향이 직선이 되도록 한다.
- 발소리가 나지 않도록 체중은 발 앞에 싣는다.
- 발을 끌어당겨 옮기기에 적당한 속도로 걷는다.
- 한 줄의 선 위를 걷는 것처럼 걷는다.

공수 자세

공수란 두 손을 앞으로 모아 잡아 허리 아래로 내려놓은 공손한 자세를 말한다.

1. 두 손의 손가락을 가지런히 붙여서 편 다음 앞으로 모아 포갠다.
2. 엄지손가락은 엇갈려 깍지를 끼고 집게손가락 이하 네 손가락은 포갠다.
3. 남좌여우 : 평상 시 공수할 때 남성은 왼손이 위로, 여성은 오른손이 위로 가며 흉사 시에는 반대이다.

[바른 손 모양]

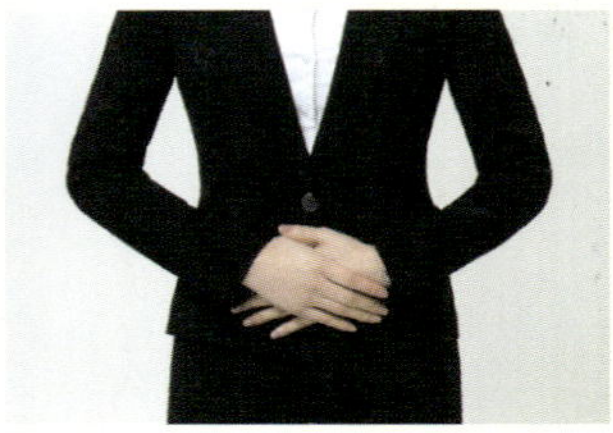

[바르지 못한 손 모양]

03 인사 매너

인사는 인간관계의 시작으로 예절 가운데 가장 기본이 되는 표현으로 상대방을 인정하고 존경하며 반가움을 나타내는 형식의 하나이다. 인사 하나만 잘해도 다른 사람에게 호감을 얻을 수 있고, 인사 하나로 그 사람의 평가가 달라지기도 한다.

인사는 사람 인(人)과 일 사(事)자로, 즉 '사람이 하는 일'을 말한다. 사람이면 반듯이 해야 할 도리로 동물과 구분짓는 인간 고유의 행위라고 할 수 있다.

인사는 사회생활의 시작으로 매우 중요하며 상대뿐만 아니라 자기 자신을 위한 기본 예절이다.

1) 인사의 의미

- 상대에 대한 마음의 표현
- 상사에게는 존경의 표현
- 동료에게는 친애의 상징
- 자신의 인격과 교양의 표현

2) 인사의 종류

(1) 목례(15°인사) : 가벼운 인사, 협소한 장소에서

- 가까운 동료나 하급자에게 인사하는 경우에 적용한다.
- 좁은 공간에서 제대로 인사할 수 없는 경우에 적용한다(엘리베이터, 계단, 복도 등).
- 하루에 여러 번 만나서 인사하는 경우에 적용한다.
- 낯선 어른에게 인사하는 경우에 적용해도 무방하다.
- 친절에 대해 가볍게 감사의 뜻을 표현하는 경우에 적용할 수 있다.
- 상황 : 통화중이거나 작업 중에 상사가 들어 올 때
  모르는 사람과 회사에게 마주칠 때
  양손에 무거운 짐을 들고 있을 때

(2) 보통례(30°인사) : 일반적인 인사

- 고객을 맞이하거나 배웅하는 경우에 적용한다.
- 상사에게 인사하는 경우에 적용한다.
- 상황 : 외출이나 귀가 할 때
  만나거나 헤어질 때

(3) 정중례(45°인사) : 정중한 사과, 감사

- 국빈, 국가의 원수, 집안의 어른 등에게 인사하는 경우에 적용한다.
- 결혼식 등 관혼상제에서 행하는 경우에 적용한다.
- 상황 : 공식 석상에서 처음 인사할 때
  면접 시 인사할 때

3) 인사예절

- 인사는 아랫사람이 먼저 하는 것이 원칙이다.
- 인사를 받으면 반드시 답례를 한다.
- 인사할 때는 바른 태도와 함께 마음에 존경심과 애정을 담아 정성껏 한다.
- 엘리베이터나 복도 등에서 마주치면, 먼저 인사로써 예의를 표한다.
- 거리에서 지나칠 때는 망설이지 말고 먼저 인사한다.
- 인사를 할 때는 상대를 바라보고 밝은 얼굴로 인사한다.
- 인사할 때는 인사말을 생략하지 않는다.
- 멀리서도 인사를 한다.
- 바쁜 상황에서는 가벼운 인사를 한다.

4) 듣기 좋은 인사말

(1) 여성은 '솔'톤, 남성은 '미'톤

음높이 중의 하나인 '솔'음으로 인사한다. 이 '솔'음은 사람이 듣기에 가장 기분이 좋고 더 나아가 신뢰감까지 느끼게 한다. 밝은 톤으로 인사말을 함으로써 적극적으로 응대할 준비가 되어 있음을 보여줄 필요가 있다. 남성인 경우 '미'톤이 적당하다.

(2) 말끝을 살짝 올리기

일반적으로 인사말을 할 때 "안녕하십니까?"하고 끝을 살짝 끌어주고 끝을 살짝 올리면서 인사말을 하면 보다 경쾌함과 청량감을 느낄 수 있다.

(3) 분명한 발음

발음을 정확하게 하는 것은 기본으로 상대에게 정확하고 분명하게 인사말을 전달한다.

(4) 밝고 활기찬 목소리

낮고 어두운 목소리의 인사말로 지쳐있는 느낌이 아니라 밝고 활기찬 목소리로 환영하는 마음을 적극적으로 전달한다. 이와 같이 듣기 좋은 인사말로 상대를 맞이하면 비록 인사하는 행동이 완벽하지 못하다 해도 "내가 환영받고 있구나"라고 충분히 느낄 수 있다. 이처럼 인사말은 인사와 더불어 상황에 맞는 자연스러운 인사말을 구사할 수 있어야 하며 간결하면서도 정성된 마음을 전할 수 있어야 한다.

04 소개 매너

사회생활에서 자신을 소개하고 다른 사람과 사람을 소개할 때도 알맞은 순서와 매너가 필요하다. 자연스러우면서도 좋은 인상을 남길 수 있는 소개 매너를 갖추도록 한다.

1) 소개 방법

(1) 지위가 낮은 사람을 높은 사람에게

(2) 남성을 여성에게

(3) 미혼자가 기혼자에게

(4) 사회적 지위가 낮은 사람을 높은 사람에게

(5) 소개를 부탁한 사람을 고객에게

(6) 연소자를 연장자에게

(7) 고객에게 직원을 소개한다.

2) 자신을 타인에게 소개할 때

(1) 자기소개는 간결하게 장소, 상황, 모임의 성격에 갖게 한다.

(2) 지나친 유머는 가벼워 보이므로 적절히 사용한다.

(3) 자신의 직함 등은 언급하기보다 명함을 통해 알리는 것이 좋다.

(4) 자신을 지나치게 낮추는 것도 과장하는 것도 이미지를 나쁘게 한다.

3) 타인을 소개할 때

(1) 동성끼리 소개받을 때는 모두 일어난다.

(2) 이성 간에는 남성을 여성에게 먼저 소개하나 남성의 지위가 월등하면 여성을 남성에게 소개할 수 있다.

(3) 성직자, 연장자, 자신보다 지위가 높은 사람을 소개받을 때 남녀 관계없이 일어서는 것이 원칙이나 환자나 노령인 사람은 예외이다.

(4) 파티를 주최한 주인인 경우에는 우리 집에 손님으로 초대되어 온 상대가 남성이라도 일어 나는 것이 예의이다.

05 악수 매너

1) 악수의 유래

중세 시대까지만 해도 악수는 무기가 없으며 따라서 적의가 없다는 것을 확인시켜 주는 수단으로 사용하였다. 하지만 서구화된 문화가 일반화되면서 첫 만남에서 악수로 인사를 나누는 것이 오늘날에는 더욱 자연스러운 인사법이 되었다.

비즈니스 상에서 악수는 전문성과 신뢰성을 느끼게 하므로 좋은 첫인상을 남기기 위해 올바른 악수 매너를 익히는 것이 필요하다.

2) 올바른 악수 방법

(1) 악수를 할 때 반드시 오른손을 사용한다.

(2) 짐이 있는 경우에는 미리 왼손으로 옮기거나 내려놓는다.

(3) 악수는 본래 허리를 곧게 편 상태에서 하지만 자신을 굽히는 것이 익숙한 한국인끼

리는 15°정도 숙이는 것이 더 자연스럽다.

(4) 손은 가볍게 흔들되 어깨보다 높이 올리지 않는다.

(5) 남성이 여성과 악수할 때는 지나치게 힘주지 말고 너무 많이 흔들지 않는다.

(6) 연장자와 악수할 때 연소자가 왼손을 허리 앞쪽에 댄다. 나이가 비슷하다고 해도 상대방이 허리에 손을 대면 같이 댄다.

(7) 시선은 상대방과 눈을 맞춘 다음, 악수한 손에 시선을 주었다가 다시 눈맞춤으로 끝낼 수 있도록 한다.

(8) 손에 너무 힘을 주어도 너무 힘을 빼는 경우에드 상대의 기분을 상하게 할 수 있으므로 적당한 힘을 주어 손바닥을 마주하고 손가락은 깊이 까지를 끼어서 하는 것이 좋다.

(9) 너무 오랫동안 손을 쥐고 있는 것은 좋지 않다.

(10) 악수를 할 때는 손을 잡는 강도, 흔드는 횟수, 눈의 마주침, 음성 등 4가지 요소가 조화를 이루어야 한다.

3) 악수를 청하는 순서

먼저 악수를 청하는 사람	기다리는 사람
여성	남성
지위가 높은 사람	지위가 낮은 사람
선배	후배
연장자	연소자
기혼자	미혼자

06 명함 매너

명함은 비즈니스 상에서 상대방에게 자신의 이름과 신분을 알리는 종이 한 장에 적힌 나의 소개지이다. 프랑스 루이 14세부터 사용하기 시작하여 우리나라에서는 최초의 유학생인 유길준이 자신의 이름을 남기는 종이에서 유래 되었다.

명함은 인사와 함께 첫 만남의 시작점으로 좋은 명함 매너로 새로운 인간관계를 이어나갈 수 있도록 한다.

1) 명함 매너

(1) 명함을 전달할 때는 밝은 표정으로 자신의 소속과 이름을 밝히면서 한다.

(2) 명함은 아랫사람이 윗사람에게 자신을 소개한다는 의미로 먼저 건넨다.

(3) 명함은 방문한 사람이 먼저 건네는 것이 좋다.

(4) 명함은 받으면 자신의 명함도 주는 것이 예의이다.

(5) 명함을 받으면 상대의 이름이나 소속을 확인 후 적당한 인사말을 한다.

(6) 명함 교환 후 테이블 위에 명함을 두었다가 상담이나 대화가 끝난 후에 지갑에 넣는다.

(7) 책상이 없는 공간이나 복도에서 서서 명함을 교환하는 경우는 그 자리에서 직함을 확인하고 명함 케이스나 지갑에 넣는다.

(8) 자신의 명함은 여유있게 준비해서 늘 명함케이스에 넣어 깨끗이 보관한다.

(9) 다른 사람의 명함도 회사별, 업종별로 명함케이스나 명함철에 정리해서 보관하도록

한다.

(10) 서양인은 비즈니스가 아니면 첫 대면에서 명함을 교환하지 않고 필요한 경우에는 헤어질 즈음 교환하는 경우가 많다.

(11) 명함을 동시에 주고받을 때는 오른손으로 주고 왼손바닥으로 받아 오른손 바닥으로 받쳐들고 인사하며 상대방이 명함을 먼저 꺼냈다면 일단 명함을 받은 후 명함지갑에 넣고 나의 명함을 꺼내 오른손으로 건네준다.

(12) 명함을 준비하지 못했을 경우 먼저 사과를 하고 필요에 따라 메모장에 이름과 전화 번호를 적어서 주도록 한다.

2) 명함을 줄 때

(1) 정면에서, 일어서서 준다.

(2) 윗사람, 여성에게 먼저 준다.

(3) 상대의 허리선과 가슴선 사이로 준다.

(4) 상대방이 받았을 때 내 이름을 정면으로 볼 수 있도록 준다.

3) 명함을 받을 때

(1) 두 손으로 받는다.

(2) 반드시 이름과 직함을 확인한다.

(3) 모르는 한자나 외국어일 경우 그 자리에서 물어 본다.

(4) 명함을 들고 있을 때는 허리선 아래로 내리지 않는다.

(5) 받은 명함을 책상이나 탁자 위에 방치하거나 바로 명함 케이스에 넣지 않고, 조금 있다가 넣는 것이 정중하다.

4) 좋지 않는 명함 매너

(1) 상대방의 명함을 받자마자 확인 없이 주머니나 가방에 넣는다.

(2) 앉아서 탁자 위에 명함을 놓은 상태에서 밀어서 주지 않는다.

(3) 받은 명함을 계속 만지작거리거나, 명함 위에 글을 쓰지 않는다.

(4) 받은 명함을 그대로 두고 가지 않는다.

(5) 자신의 명함을 찾지 못해 상대를 기다리게 하지 않는다.

(6) 오른손으로 악수하면서 왼손으로 명함을 내밀지 않는다.

(7) 상대방의 명함을 받고 자신의 명함이 없어서 얼버무리거나 안절부절 하지 않는다.

07 직장 매너

직장이라는 곳은 서로 다른 사람이 만나 공동의 목표를 가지고 일하는 곳이다. 좋은 직장이란 조직원에 대한 애정과 원활한 관계를 유지하기 위해 배려하고 서로를 격려하면서 목표를 이루고 성장하는 곳이 직장이라고 할 수 있다.

미국 카네기재단에서 성공한 사람 일만 명을 대상으로 5년 동안 '성공의 비결'을 물었더니 응답자의 85%가 '인간관계를 잘했기 때문'이라고 답했다. 또한 미국의 콜롬비아 대학교 MBA과정에서 우수기업 CEO를 대상으로 '당신이 성공하는데 가장 큰 영향을 준 요인은 무엇인가'라고 물었더니 놀랍게도 능력, 기회, 행운 등이 아니라 '매너'를 꼽았다.

그 만큼 직장 내에서 사람들과의 관계는 중요하며 그 관계가 원만히 이루어지기 위해선 상식적인 예절과 서로를 배려하는 마음이 필요하다.

상대방의 가치를 인정해주고, 상대방의 입장에서 생각하고, 자기중심적인 태도에서 벗어나 밝고 긍정적으로 생활한다면 성공적인 사회생활과 좋은 인간관계를 맺을 수 있을 것이다.

1) 근무 매너

직장에 출근하여 퇴근할 때까지 하루 대부분의 시간을 보내게 되는 곳이다. 혼자가 아니라 조직을 위해 지켜야 할 기본적인 매너에 대해 숙지하고 지키려고 하는 실천적인 노력이 필요하다.

(1) 출근 시 매너

- 상사보다 일찍 출근하여 자신의 자리나 주변이 잘 정리정돈이 되어있는지 근무환경을 살핀다.
- 하루 일과에 대해 정리하고 우선순위를 계획하여 실행한다.
- 상사가 출근하면 자리에서 일어나 밝은 표정으로 인사한다.
- 출근이 불가피하거나 예기치 않게 지각을 했을 경우에는 미리 연락을 하고 상사에게 사유를 먼저 보고한다.
- 결근 시 자신이 해야 하는 업무를 상사에게 보고하고 동료들의 협조를 얻어 신속하게 조취를 취함으로써 일에 방해가 되지 않도록 한다.

(2) 근무 중 매너

- 모든 사람들에게 밝고 예의바르게 대한다.
- 근무 중 개인적인 잡담이나 전화는 삼간다.
- 공동물품은 사용 후에 제자리에 놓아두어 다른 사람이 사용하기에 불편함이 없도록 한다.
- 휴식 시간이나 중식 시간을 명확히 해서 업무에 방해가 되지 않고 생산성을 높이도록 한다.
- 외출 시에는 반드시 상사에게 보고하고 허가를 받는다.
- 외근 시에는 용무, 행선지, 시간 등을 상사에게 보고하고 예정 일정을 체크한다.

(3) 퇴근 시 매너

- 그 날 해야 할 일들이 다 마무리가 됐는지 확인하고 그 날 처리해야 할 일이 있을 시 야근을 해서라도 끝마친다.
- 가장 늦게 퇴근하는 사람은 전등이나 컴퓨터 혹은 시설물의 전원이 꺼져 있는지 확인하고 나온다.

- 다른 사람보다 먼저 퇴근할 경우 "먼저 가겠습니다", "먼저 가보겠습니다"라고 인사를 분명히 하고 퇴근하도록 한다.
- 상사보다 먼저 퇴근할 때에는 "더 이상 용무는 없습니까, 없다면 먼저 퇴근해도 괜찮겠습니까"라고 정중하게 물어본 후 퇴근한다.

2) 호칭 매너

사회에서 호칭은 상대방을 존중하는 마음을 전달하는 수단으로 사용이 된다. 잘못된 호칭으로 상대의 기분을 언짢게 하는 경우도 있고 오해를 살 수도 있기에 올바른 호칭 매너를 지킬 수 있어야 한다.

(1) 상급자에 대한 호칭

- 상사에게는 성과 직위 다음에 '님'을 붙인다.
  (예 : "강 부장님", "김 과장님")
- 상사를 직접 부를 때는 성을 빼고 부른다.
  (예 : "이사님", "부장님", "과장님")
- 다른 부서의 상급자는 부서명, 직급, '님'을 함께 붙인다.
  (예 : "인사 부장님", "총무 부장님")

(2) 하급자와 동급자에 대한 호칭

- 하급자나 동급자에게는 성과 직위 또는 직급명을 호칭한다.
  (예 : "김 과장", "영업부장")
- 초면이나 선임자에게는 '님'을 붙인다.
- 직책이 없는 경우는 이름에 ○○씨'를 붙여 부르는 것이 좋다.

- 하급자라도 나이가 많은 경우에는 높여서 호칭한다.
  (예 : '김 선생님', '김 과장님')

(3) 동료 간의 호칭

- 동급자 혹은 동료 사이에는 성과 직위 또는 직명을 부르도록 한다.
  (예 : 김 대리, ○○씨)

(4) 혼돈하기 쉬운 호칭

- 사무실 명칭에서는 존칭을 쓰지 않는다.
  (예 : "사장님실"→ "사장실")
- 문서상에서는 상사라도 존칭을 생략한다.
  (예 : "부장님 지시"→ "부장 지시")
- 당사자가 있는 자리에서 지시사항을 전달 할 때에는 '님'을 붙인다.
  (예 : "사장님 지시사항을 말씀 드리겠습니다")

Tip

주의해야 할 표현 Tip

1. 업무상 찾아 온 사람에게는 '손님'이 순수한 우리말로 좋으며, '고객(영업장에 찾아 온 손님)이라는 단어 속에는 이미 손님이란 의미가 있기 때문에 이중적이다.
2. 직장에서 자신의 배우자에 대해 이야기할 때 상사나 동기 앞에서는 높임말을 쓰지 않는 것이 좋다("우리 남편이 출장가셨어요."는 잘못된 표현).

3) 경어법

경어는 상대방을 자신보다 높이는 존경어와 자신을 상대방보다 낮춰 간접적으로 상대를 높이는 겸양어가 있다.

존경어와 겸양어의 구별

	존경어	겸양어
말하다	말씀하시다	말씀드립니다
묻다	물으시다	여쭙니다
보다	보시다	봅니다
하다	하시다	합니다
가다	가시다	갑니다
오다	오시다	옵니다

사례

['과잉 친절' 한국사회의 두 단면] 손님, 커피 나오셨습니다… 친절 강요에 과잉 높임말 넘쳐나

과잉 높임말로 예절에 어긋나면서 언어 질서를 훼손하는 사물존대가 많아지고 있다. 문화체육부를 중심으로 언어문화 개선운동을 벌이고 있지만 정부 차원의 운동보다는 사회 전반에서 잘못된 언어표현을 바로 잡아야 한다는 인식을 공유하는 것이 더 중요하다.

"주문하신 아메리카노 나오셨습니다."

지난 7일 서울 중랑구의 한 커피전문점에서 커피를 주문한 대학생 이모(23 · 여)씨에게 점원은 이렇게 말했다. 자리에 앉은 이씨는 점원의 말을 곱씹어봤다. 바로 직전 점심식사를 하러 친구와 갔던 식당에서도 비슷한 말을 들었다. 식당 종업원은 이씨 일행에게 "지금은 자리가 없으십니다"

라며 10여분 기다려야 한다고 했다.

'나오셨습니다'와 '없으십니다'는 분명 높임말인데, 손님인 이씨를 높이는 말은 아니었다. 이씨가 주문한 '커피'와 이씨가 요구한 '자리'를 높이는 표현이다. 이씨는 "사물에 높임말을 붙여서 거꾸로 나와 식당 직원은 모두 낮춰진 것 같아 불편했다"고 말했다.

이런 '사물 높임말'은 우리 일상에 너무 넓게 퍼져 있다. '피팅룸은 이쪽이세요' '포장이세요?' '그 상품은 품절이십니다' '빨대는 뒤편에 있으십니다' '이 제품이 더 좋으십니다'…. 커피점 음식점 백화점 등 접객업소에 가면 흔히 듣게 되는 이 같은 말은 모두 틀린 표현이다. '과잉 친절'을 강요하는 사회 분위기가 잘못된 언어습관을 낳았다.

전문가들은 사물 높임말의 확산 정도가 위험 수위를 넘어섰다고 걱정한다. 송철의 국립국어원장은 8일 "고객을 존중하는 것도 중요하지만 어법을 해치는 건 경계해야 한다"며 "서비스업 종사자들이 돈을 위해 사물에 존대하는 현상은 인간 존엄성에 대한 위협이라고 볼 수도 있다"고 우려했다. 사람 대신 돈과 사물이 이렇게 높임의 대상이 되면 사람을 대하는 인식도 달라질 수 있다는 지적이다.

국립국어원에 따르면 동사나 형용사에 붙은 선어말어미 '~시~'는 주로 사람을 높일 때 쓰인다. 다만 상대방의 신체나 심리, 소유물 등 주어가 사물이지만 높일 수 있는 간접존대가 있긴 하다. 예를 들어 '눈이 크시네요'나 '걱정이 많으시다'는 올바른 표현이다.

사물 높임말이 범람하자 서비스 업체들도 바로잡기에 나서고 있다. 현대홈쇼핑은 2013년 5월부터 자동주문전화에서 꼭 필요한 안내만 제공하고 과도한 존칭과 불필요한 설명을 줄인 '스피드 ARS' 서비스를 시행하고 있다. 올바른 높임말을 쓰면서 기존에 평균 2분40초대였던 서비스 시간을 1분50초까지 줄였다.

커피 프랜차이즈업체 이디야 커피는 지난 8월부터 가맹점에 '이디야커피 서비스 간편 매뉴얼'을 배포하고 있다. 특히 '사물 존칭'만 따로 떼어내 별도 매뉴얼을 만들었다. 이 매뉴얼은 '파우더가 아닌 시럽이 들어가십니다' '잠시만 기다리실게요' 등 잘못된 사례를 들어 설명한다. '고객님 성함이 어떻게 되십니까?' '주소가 어떻게 되세요?' 등 주어가 사물이지만 간접높임이 가능한 사례도 포함했다.

출처 : 국민일보, 2015.10.09

4) 방문 매너

직장 생활 중에 다른 거래처나 타 직장을 방문하게 되는 경우가 생긴다. 이때에도 기본적인 방문 매너를 갖추고 나의 이미지뿐 아니라 우리 회사의 이미지도 남긴다는 것을 기억하자.

(1) 방문 전

- 방문시간은 아침 9시 이후로 하고, 식사 시간 전후 등은 피한다.
- 급한 용무로 부득이 방문하는 경우에는 상대방에게 전화를 먼저 걸어 양해를 구한다.
- 약속시간에 늦지 않도록 여유 있게 출발하도록 한다.
- 예기치 않게 늦을 시에는 미리 전화로 알려준다.

(2) 방문할 때

- 약속시간 5-10분 전에 도착하도록 하며 약속 시간에 너무 일찍 방문하지 않도록 한다.
- 도착 후 안내가 있는 경우 필히 경유하도록 하며 본인의 회사와 방문 대상자, 용건 등을 간략하게 말한다.
- 방문 시 정장을 입고 외투를 입었을 경우 외투를 벗고 들어간다.
- 실내에 들어가서 안내 해주는 자리에 앉아 기다린다.

(3) 미팅할 때

- 담당자가 입실하면 일어서서 인사하고 명함을 교환한다.
- 방문한 목적에 대해 정확하고 신속하게 전달한다.
- 대화의 중요한 내용이나 여러 사항에는 반드시 메모한다.
- 미팅을 마친 후에는 '바쁘신데 시간 내주셔서 감사합니다'라고 인사하도록 한다.

5) 술자리 매너

사회생활을 하다보면 술을 접할 기회가 많다. 특히 비즈니스는 음주과정을 통하여 이루어진다해도 지나친 말이 아니다. 그러나 단합과 조직 문화를 앞세운 강압적인 술 문화는 동방예의지국에 걸맞지 않게 과음과 만취가 난무하는 부작용을 만들어내고 있다.

각자의 주량만큼만 그리고 서로가 예의를 지키며 올바른 주도로 즐거운 술자리를 만들 수 있도록 한다.

(1) 술자리 좌석

- 방 아랫목이나 벽을 등지고 앉아 출입문을 바라볼 수 있는 자리가 상석이다.
- 차석은 상석의 맞은편 좌석이다.
- 아랫사람이 상석에 미리 앉아 있을 경우 예의 없는 사람으로 간주될 수 있으므로 연장자나 모임의 주체가 도착 전이라도 상석을 비워두어 그 자리에 앉을 수 있도록 한다.
- 자리를 먼저 일어서게 될 때는 사전에 양해를 구한다.

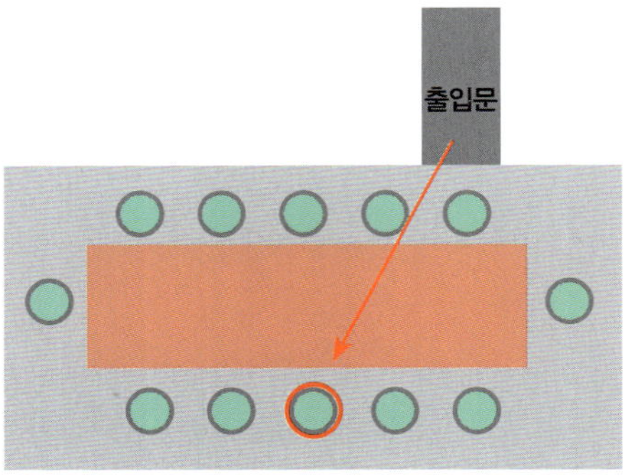

(2) 술잔을 권할 때

- 아랫사람이 어른이나 윗사람에게 먼저 잔을 올리는데 이때 '제가 한 잔 올려도 되겠습니까?'하고 묻는 것이 예의이다.
- 두 무릎을 꿇고 오른쪽 무릎을 세운 자세로 따르며, 테이블인 경우에는 일어선 자세로 따른다.
- 잔을 올릴 때 왼손바닥으로 오른손 손목을 가볍게 받쳐 든 다음 오른손으로 술잔을 공손하게 올려야 한다.
- 예전에는 술잔을 받고 난 뒤에는 곧바로 연장자에게 술을 권하는 것이 상례였으나 요즘에는 건강상의 이유로 거절하는 경우가 있기 때문에 반드시 상대방 의사를 확인한 뒤 술잔을 권해야 한다.
- 자신이 마신 술잔을 권할 때는 냅킨 등을 이용해 입술이 닿았던 부분을 깨끗하게 닦은 다음 권한다.

(3) 술잔 받기

- 술자리에서 술을 잘 마시지 못한다는 이유로 술잔을 받지 않는 것은 결례이므로 술잔을 입술에 대는 정도로 예를 표한다.
- 술잔을 오른손으로 받으며, 이때 가볍게 목례를 하며 감사를 전한다.
- 술잔을 받은 후 바로 내려놓는 것이 아니라 입에 대어 조금 마시고 내려놓는다.
- 술잔의 3분의 1정도는 항상 남겨놓고 다른 사람이 권할 때 비우고 받도록 한다.

(4) 술 마시기

- 윗사람이 술을 들기 전에 먼저 마시지 않는다.
- 상급자나 나이가 많은 사람 앞에서는 얼굴을 돌려서 마신다.
- 술이 독하거나 쓰다고 눈살을 찌푸리거나 소리를 내지 않도록 한다.
- 술잔을 부딪칠 때는 윗사람의 잔보다 낮게 한다.

음주 매너에서 무엇보다도 중요한 것은 과음과 폭음을 피하는 것이다. 술로 자제력을 잃어서 실수를 하게 되면 대인관계에 피해를 주고 사회생활에 치명적인 결과를 낳기도 한다. 술자리에서도 상대방에 대한 배려가 필요하다. 다음날 직장에서 전날 술자리에서의 해프닝은 가급적 화제로 삼지 않도록 하는 것도 매너이다.

6) 경조사 매너

사회생활에서 경조사에 참석하면서 사람에 대한 신뢰감을 쌓고 좋은 인간관계를 유지할 수 있다.

경조사는 사람이 살아가면서 겪게 되는 사건으로서 경사스러운 일이 생기면 축하해주고 즐거움을 같이 나누며 궂은 일이 생기면 슬픔을 같이 나누는 인간적인 도리이자 축하와 위로를 통한 공동체적 상부상조의 문화이다.

경조사에 있어 상부상조의 행위는 정서적으로 그리고 경제적으로 어려운 문제들을 해결하는데 도움이 되어왔으며, 오늘날에는 사회생활을 영위하는 일환으로 사회 구성원들에게 행동의 방향을 제시하는 예절로 일정의 규범적 성격을 띤다.

직장생활에서 지켜야 할 경조사 매너에 대한 올바른 방법과 바른 인식을 가지고 좋은 인간관계를 유지할 수 있도록 한다.

(1) 결혼

결혼을 축하하는 경우는 직장동료나 선후배 혹은 직장상사의 자녀의 결혼에 참석하는 것으로 당사자나 그의 부모에게 축하의 인사말과 축의금을 전하는 것이다. 결혼식은 가장 많이 접하게 되는 경사로 개인적으로나 비즈니스 적으로 결혼식에 초대를 받게 되면 식장의 참석 여부와 상관없이 축의금이나 선물을 보내는 것이 예의이다.

- 결혼식은 10분 전에는 도착해 여유 있게 예식을 기다리는 것이 예의이다.

- 의상은 밝고 화사한 옷으로 입되 흰색은 피하고, 남성의 경우 정장에 밝은 색 타이로 화사하게 연출한다.
- 축의금 봉투의 앞쪽에는 축하 문구를 쓰고, 뒤쪽 아래에는 보내는 사람의 이름을 적고 봉하지 않는다.
- 선물을 할 경우, 사전에 필요한 것을 물어보고 선물하는 것이 더욱 성의 있고 기억에 남는 선물이 될 수 있다.
- 식장 내에서 신랑, 신부에 대한 험담을 하지 않는다.

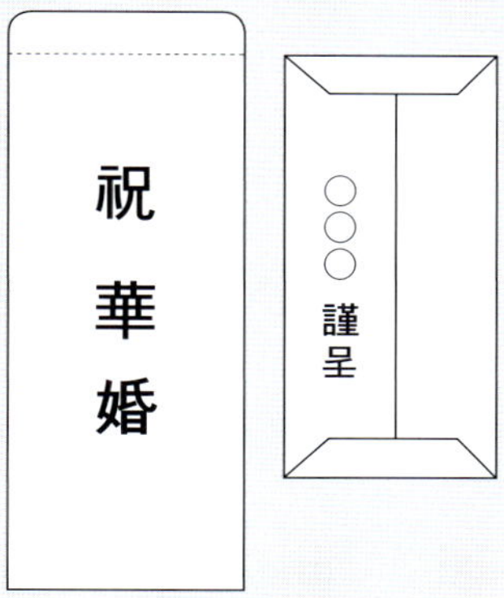

: 축결혼(祝結婚), 축화혼(華婚) 등의 말을 쓴다.

축결혼은 남자에게, 축화혼은 신부에게 쓰는데 결혼을 아름답게 칭하는 말이다.

나와 동일하거나 아랫사람에게는 축결혼을, 어렵거나 윗사람일 경우는 축화혼이 예의에 맞다.

요즘은 결혼식장 입구에 미리 문구가 프린트 되어 있는 봉투가 준비 되어 있는 경우가 많다.

: 접합면 하단에 관계와 이름을 세로로 쓰면 된다.

[결혼식 봉투 작성 예]

(2) 돌잔치

돌은 어린 아이가 태어난 날로부터 한 해, 즉 생후 일주년을 일컫는 말이다. 영아 사망률이 높았던 옛날에는 생후 1년 동안 아이가 무사히 첫 생일을 맞이한 것을 기념하고 장차 잘 자라기를 바라는 뜻에서 잔치를 베풀었다.

돌잔치 돌상에는 아이의 장수를 기원하는 백설기와 실타래 이외에 '돌잡이' 물건을 놓고 아이의 장래를 점쳐 보기도 하고, 아이가 가족의 일원이 된 것을 축하하고 아이의 장수와 복을 기원하는 잔치이다.

최근에는 가까운 친구나 친척들을 초대하여 돌잔치를 열고 돌잡이 행사를 하는 것이 일반적이다. 초대받은 사람은 아이의 돌을 축하하는 인사말을 하고 아이의 옷이나 반지, 축하금 등을 선물하는 것이 좋다.

(3) 문상

친구나 직장동료, 상사의 부모님이 돌아가시면 장례식장에 문상을 가게 되는 데 상가에 가서 유족은 위로하고 돌아가신 이의 명복을 빌고 이에 맞는 예를 갖추어 격식을 갖춘 사람으로써의 좋은 이미지를 줄 수 있도록 경조사 매너를 바르게 익히도록 한다.

조상 : 죽은 이에게 예를 표하는 것
조문 : 상주나 상제에게 위로의 말과 인사를 하는 것
문상 : 조상 + 조문

- 문상을 갈 때에는 검정색 옷이 예의지만 그렇지 못할 경우 내가 가지고 있는 옷 중에 가장 어두운 색의 옷을 입고 가도록 한다.
- 남자의 경우 흰색 드레스 셔츠를 입는 것이 좋고, 여성의 경우는 너무 붙는 의상이나 짙은 화장, 액세서리는 피하도록 한다.
- 남녀 모두 양말이나 스타킹을 갖추어 신어 맨발로 절하지 않도록 하며, 양말과 스타킹의 색상은 검은색이 좋다.
- 상제들의 피곤함을 생각하여 너무 이른 시간이나 너무 늦은 시간에는 피하도록 한다.
- 장례식장에 들어가기 전에 휴대폰의 전원을 끄거나 진동으로 바꿔놓는다.
- 조의금은 문상을 마친 후 물러나와 호상소에 접수시키거나 부의함에 넣는다. 상주에게 직접 주는 것은 결례이다.
- 조문객이 여러 명일 경우 조문객 중 대표만 분향하도록 한다.

- 평소 안면이 있는 경우라면 상주에게 문상 인사말을 건네는데 이때는 낮은 목소리로 짧게 위로의 말을 하되 고인과 관련된 질문을 많이 하는 것은 좋지 않다.

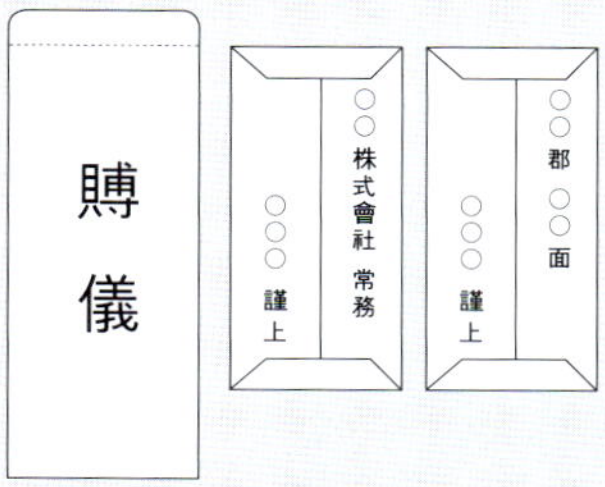

: 부의(賻儀), 근조(謹弔)등의 말을 쓴다.

결혼식장과 마찬가지로 장례식장 입구에도 문구가 프린트되어 있는 봉투가 준비 되어있는 경우가 많다.

: 이름, 소속, 관계를 쓸 때는 접합면 하단에 세로로 쓰면 된다.

[조의금 봉투 작성 예]

❶ 일반 조문 시

- 상가(빈소)에 도착하면 몸가짐과 옷매무새를 바로 한다.
- 상제에게는 가볍게 목례를 하고 영정 앞에 무릎을 꿇고 앉아 분향을 한다.
- 분향을 할 때 선향(막대향)일 경우 하나나 둘을 집어 촛불에 불을 붙인 다음 손가락으로 가만히 잡아서 끄든지 왼손으로 가볍게 흔들어 끄고 절대 입으로 불면 안 된다.
- 일어서서 영좌 앞에서 잠깐 묵념 또는 큰절을 두 번 한다. 서서 인사하는 경우에는 남자는 오른손이 여자는 왼손이 위로 올라간 공수를 하여 정중례를 한다.
- 영좌에서 물러나 상주와 맞절을 한다. 종교에 따라 절을 하지 않는 경우는 정중하게 고개를 숙여 예를 표한다.
- 일어서서 뒷걸음으로 몇 발자국 물러난 다음 몸을 돌려 나온다.

❷ 헌화를 하는 경우

- 헌화할 꽃을 받거나, 한 개 잡아서 가슴 앞쪽에 들고 영전 앞으로 간다.
- 두 손으로 영전에 천천히 올려놓되 고인에게 꽃을 드린다는 의미에서 조문객 쪽으

로 꽃봉오리가 향하게 올린다.

- 물러서서 묵념 또는 기도를 한다.
- 상주 앞으로 와서, 서서 정중례를 한 다음 위로의 말을 전한다.

학습 및 토론과제

1. 사회생활에서 비즈니스 매너는 왜 필요한지 생각해보자.

2. 공수자세, 선 바른 자세, 앉은 바른 자세를 실습하고 개선할 점에 대해 알아보자.

3. T. P. O에 맞는 인사법에 대해 숙지하고 연습해보자.

4. 상대방을 고려하여 명함, 소개, 악수의 순서를 직접 실습하여 보자.
   - 남성과 여성
   - 기혼자와 미혼자
   - 연장자와 연소자

5. 직장 매너가 없는 동료와 일을 하게 된다면 어떤 일이 생길지 생각해보자.

6. 직장 매너에 관한 영화나 드라마에서 사례를 찾아 서로의 생각을 발표해보자.

Chapter 07

대화예절과 커뮤니케이션

1. 커뮤니케이션의 개념과 중요성
2. 대화예절
3. 커뮤니케이션의 기본화법
4. 효과적인 커뮤니케이션 스킬
5. DISC의 이해와 성향별 응대

학습목표

- 커뮤니케이션의 개념과 중요성에 대해 학습한다.
- 대화 시 지켜야 할 예절과 경청에 대해 학습한다.
- 호감가는 커뮤니케이션을 위한 화법과 스킬에 대해 습득한다.
- DISC 유형별 의사소통 방법에 대해 학습하고 진단한다.

사전점검

❶ 나는 나와 다른 성향을 가진 사람과 대화하는 것을 즐긴다. | YES | NO |

❷ 나는 다른 사람의 이야기에 주의 깊게 듣는다. | YES | NO |

❸ 커뮤니케이션에서의 맞장구는 대화의 흐름을 방해하기 때문에 유의한다. | YES | NO |

❹ 커뮤니케이션을 잘 한다는 것은 말을 잘 한다는 뜻이다. | YES | NO |

❶ Y or N ❷ Y or N ❸ N ❹ N

01 커뮤니케이션의 개념과 중요성

커뮤니케이션(Communication)은 언어, 몸짓, 화상 등의 물질적 기호를 매개수단으로 하는 정신적, 심리적인 전달교류로서 어원은 '나누다'를 의미하는 'Communicare'로 어떤 사실을 타인에게 전하고 알리는 전달의 뜻으로 쓰인다. 개인의 의견, 정보, 지식, 가치관, 기호, 감정 등이 음성, 문자, 몸짓 등의 다양한 방법으로 전달되고 교환하는 쌍방 교류가 일어나면서 송신자와 수신자 사이에 공감대를 형성하는 과정이다. 일반적으로 의사소통이라고 하나 '서로 상호교환을 하다', '서로의 생각을 나누다'는 의미에서 대화라고 할 수 있다. 대화란 서로 마주 대하여 주고받는 말인 만큼 상대방을 존중하고 배려하는 마음을 토대로 이루어져야 진실한 이야기를 나눌 수 있다.

일상생활 속에서 우리는 다른 사람과 많은 대화를 나누며 살아간다. 그러나 마음과 달리 말의 표현이 잘못되어서 상대방의 마음을 상하게 하거나 오해를 불러일으키는 경우가 종종 있다.

"말은 마음의 그림이다"라는 영국의 속담처럼 말은 모든 생각이나 마음을 나타내는 것이다. 커뮤니케이션은 개념상 서로 주고받는 행위이기 때문에 대화에서 상대방의 마음을 헤아려가며 조심해서 말하는 자세가 필요하며, 또한 자기 이야기만 늘어놓는 사람에겐 상대방이 지루해 할 수 있다. 여러 연구를 통해서도 알 수 있지만 주로 성공한 사람들은 자신에 대한 이해와 타인에 대한 관심 그리고 자신을 이해시키는 능력인 커뮤니케이션에 능통한 사람들이었다. 개인이나 집단 내에서 인간관계의 제 1차적이고 가장 기본적인 수단은 의사소통이기 때문에 인간관계 연구에서 의사소통에 관한 연구는 가장 중요한 위치를 차지하고 있다. 그러므로 대화의 기본 기술과 대화예절을 익히고 대화에 임하는 자세에도 신경을 써야한다. 상대방에게 좋은 인상과 신뢰를 얻기 위해서 목소리를 다듬고 가꾸는 일을 반복해서 훈련하고 상대방이 무엇에 대해 관심이 많은지 어떤 생각을 하고 있는지 충분히 파악해서 상대방의 이야기에 경청하는 자세가 필요하다.

경청을 잘 하기 위해서는 상대방과 대화를 나눌 때 다른 곳에 시선을 주거나, 휴대폰을 만지거나 다른 행동을 피해야 한다.

대화 중에는 휴대폰은 진동모드로 설정해 놓고 꼭 받아야하는 전화나 응답해야 하는 문자는 상대방에게 양해를 구한 뒤에 하도록 한다.

눈이 마음의 창이라면 대화는 인격의 창이라고 한다. 대화를 통해 우리는 그 사람의 됨됨이와 인간성을 판단하게 되고 상대방을 어떻게 대할 것인지 결정한다.

복잡한 현대사회에서는 사람간의 의사소통이 중요시 되고 있으며, 대화를 통한 정보전달과 감정의 표현은 성공적인 인간관계의 성공을 부르는 열쇠가 되어줄 것이다.

결국 커뮤니케이션은 인간관계를 이어주는 다리 역할을 하며, 소통 없이는 우리 인간의 삶은 존립할 수가 없다. 타인과의 소통이 잘 되는 경우에는 높은 삶의 만족도를 얻으며 살아가지만 그렇지 못한 경우에는 외롭게 고립된 삶을 살아가는 경우가 허다하다.

또한 조직 내 업무의 성과 또한 상사와 조직원의 인간관계와 커뮤니케이션에 의해 크게 좌우된다고 할 수 있다. 조직 내에서 지시를 받은 사람과 지시를 하는 사람 사이의 상호 이해가 부족하면 조직원이 무엇을 기대하고 있는지, 어떻게 업무를 처리하면 좋은지 짐작이 가지 않아 좋은 성과를 내지 못하게 된다. 따라서 효과적인 커뮤니케이션은 조직 내 성과를 내는 가장 기본적인 요소이다. 커뮤니케이션은 나의 감정이나 생각 등 지금의 상태나 상황을 알리기 위한 수단인 반면에 내가 알고 있는 지식과 정보, 또한 알고 싶어하는 지식과 정보 교환의 목적도 가지고 있다. 이러한 목적에서 자신을 이해시키고 주위의 이해를 얻는 일에 능숙할 수 있도록 커뮤니케이션의 스킬을 습득하고 개선해 나가야 한다.

최근 상호 간의 의사소통이 가지는 의미나 중요성이 강조되고 있는 만큼 커뮤니케이션의 스킬을 향상시켜 대인관계능력을 키울 수 있도록 해야 한다.

02 대화예절

상대방을 배려하고 존중하기 위해 지켜지는 많은 예절 중에서도 중요한 예절 중 하나가 대화예절이라고 할 수 있다. 옛말에 "말 한 마디로 천 냥 빚을 갚는다", "가는 말이 고와야 오는 말이 곱다"라는 말들이 모두 대화의 중요성을 강조하고 일깨우기 위한 것들이다.

1) 말하기

말할 때는 상대의 눈을 주시하면서 정확한 발음과 맑은 목소리, 적당한 소리와 속도로 말한다. 성의가 없는 나쁜 자세는 상대방에게 불쾌감을 줄 수 있으므로 바른 자세와 밝은 표정이 겸비되어야 한다. 말 할 때의 바른 자세는 똑바로 선 자세로 상대방을 바라보고 얼굴은 미소를 짓는다. 발음은 정확하고 밝은 목소리에 속도가 느리거나 빠르지 않게 말을 끝까지 명확하게 말한다. 상황에 맞는 적절한 표현을 사용하되, 듣는 이의 입장을 고려한다.

2) 듣기

남의 말을 들을 때는 상대방의 말을 끝까지 경청하는 것이 중요하다. 절대로 다른 일을 하면서 듣지 않고, 몸은 정면을 향해 앞으로 조금 내밀듯이 한다. 또한 팔짱을 끼거나 다리를 꼬지 않도록 주의하면서 듣도록 한다. 말이 끝나기 전에 화제를 바꾸거나 말을 가로채는 것은 좋지 않으며, 상대의 말에 적당히 반응을 보임으로써 대화에 참여하고 있음을 느끼게 하는 것이 좋다. 자신의 말에만 집중하지 않고, 상대방으로 하여금 말을 하게 자신은 잘 듣고 있다는 자세를 취함으로써 상대방이 자신을 더 많이 드러낼 수 있도록 한다.

말할 때	들을 때
아이 컨텍(eye contact) 스마일(smile) 진정성(sincerity)	아이 컨텍(eye contact) 태도(attitude) 진정성(sincerity)
주의사항 • 일방적인 이야기 • 전문용어, 외래어의 남용 • 소문이나 험담 • 과장된 몸짓	**주의사항** • 무관심한 태도 • 말을 중간에 끊거나 말참견을 하는 행위 • 건성으로 하는 대답 • 손장난이나 두리번거리는 태도 • 무반응, 무응답

03 커뮤니케이션의 기본화법

1) 경청

(1) 열심히 듣고

(2) 물으면서 듣고

(3) 확인하면서 듣고

(4) 생각하면서 듣는다

사람의 마음을 움직이는 최고의 무기는 입과 귀, 즉 말하기와 듣기이다. 이 중 강력하게 작용하는 것은 입이 아니라 귀인데, 말을 잘 하는 것보다 잘 듣는 것이 훨씬 더 중요하기 때문이다. 따라서 자신의 의견을 먼저 내세우기 보다 상대방의 이야기에 먼저 귀 기울이며 상대의 이야기나 의견에 흥미와 성의를 보이는 자세가 필요하다.

적극적 경청(Active Listening)이란 커뮤니케이션에 있어 적극적 청취태도에 대한 사고방식을 뜻하는데 '공감적 경청'이라고도 한다. 듣는 방법에는 '귀로 듣다'와 '귀를 기울이다'가 있지만 경청은 후자에 속하며 상대방이 말하는 바를 확실히 알아들으면서 상대방이 계속해서 말하도록 만들어주는 놀라운 응답방법을 말한다.

열린 마음으로 끈기 있게 다른 사람의 말에 귀 기울여 진지하게 들어주면서 그들이 생각을 충분히 말할 수 있도록 격려도 해주는 것이 대화의 기본이자 좋은 대화에서 좋은 인간관계로 발전하게 만드는 방법이다.

123 화법

123화법이란 "1번 말하고, 2번 이상 들어주고, 3번 긍정적인 맞장구를 쳐주라"는 의미로 적극적 경청을 하기 위한 방법이다. 이러한 123화법을 계속 반복하면 상대방에게 존중과 관심을 보여주면서 기분 좋게 대화할 수 있다.

2) 나 전달법(I-Message)

일반적으로 우리가 사용하고 있는 대화는 너(You-Message)를 초점으로 하여 이루어진다. 이는 상대방을 비난하거나 판단하는 메시지를 담고 있으므로 상대방을 불쾌하게 만든다. '나 전달법(I-Message)'이란 '나'를 주어로 하여 상대방의 행동에 대한 자신의 생각이나 감정을 표현하는 대화 방식으로 문제가 되는 상대의 행동과 상황을 평가나 비판의 의미를 담지 않고 구체적이고 객관적으로 말하는 방법으로 자신이 상대방의 행동을 수용할 수 없다고 느낄 때 특별히 활용할 수 있는 기술이다. 결과적으로 상대는 나의 느낌을 수용하고 자발적으로 자신의 문제를 해결하고자 하는 의도를 지니게 된다.

(예)

"당신은 매일 지각만 하는군"

⇒ "당신이 매일 늦게 출근하면 작업이 제대로 이뤄지지 않아 몹시 불안해"

3) 긍정의 맞장구

대화의 맛을 살리기 위해서는 적재적소에 맞장구나 의견이 들어가는 것이 효과적이다. 맞장구를 잘 활용하는 사람은 상대방으로 하여금 마음의 문을 열게 할 뿐 아니라 호의적이고 즐겁게 만든다. 맞장구는 추임새와 같은 역할을 하므로 상대방으로 하여금 마음의 문을 열게 하고 경계심을 누그러뜨리며 동의가 빠르게 되고 신이 나게 만드는 역할을 한다.

4) 칭찬하기

대화 중에 가장 기분 좋게 하면서 상대를 나의 편으로 만드는 대화법은 칭찬이다. 칭찬을 할 때는 그 사람의 소유물이나 외모의 평가보다는 인간적인 면이나, 옷 입는 감각이나 재능, 좋은 매너 등에 대해 하는 것이 더 효과적이다.

일상생활에서 가장 무시되기 쉬운 미덕 중의 하나가 칭찬이다. 칭찬이 좋다는 것을 알고는 있지만 '쑥스럽다' 혹은 '방법을 잘 모른다'는 이유로 칭찬에 인색한 사람이 많다. 그러나 칭찬은 사람을 기분 좋게 해줄 뿐 아니라 건강하게 만든다. 의학적으로도 칭찬을 받으면 각종 면역강화물질의 분비가 촉진된다고 증명되었다. 이는 다시 뇌로 피드백되어 불필요한 스트레스 호르몬의 분비를 억제한다. 그 결과 자율신경계가 편안한 상태에서 최적의 신체를 유지하기 때문에 건강한 몸과 목표달성을 위해 노력할 수 있는 자세를 갖게 해준다. 또한 칭찬은 사람을 강하게 만들어주고 인간관계를 좋게 해주며 긍정적인 마음과 기쁨을 준다.

어렵게 생각하지 말고 식당에서 맛있는 음식을 먹었을 때는 식당주인에게 맛있었다는 말 한 마디 해주는 것 그리고 매장의 판매원이 베푼 친절에 대해 고맙다는 인사만으로 충분하다.

(1) 긍정적 스트로크(칭찬, 인정, 격려, 지지, 관심)

사람들과의 대인관계 시에 상대방에게 주는 자극을 스트로크라고 한다. 긍정적인 스트로크는 사람에게 하여금 삶의 행복감과 만족감, 그리고 자기 자신이 중요한 사람이라는 것을 느끼게 해 준다.

- 칭찬은 구체적, 비유적으로 하면 효과적이다.
- 칭찬 후 비판보다 잘못된 점을 먼저 알려주고 칭찬으로 마무리하는 것이 유연하다.
- 칭찬은 간결하고 진지하고 진실하게 해야 한다.
- 칭찬은 소유물보다 태도, 재능, 감각에 대한 것이 좋다.
- 칭찬은 의외의 상황에서 효과적이다.
- 결과에 대한 칭찬보다 정보나 과정에 대해 칭찬하면 일을 더 열심히 한다.
- 칭찬은 근거 있게 한다.

(2) 칭찬의 자세와 효과

칭찬은 '사람이 다른 사람의 행동이나 특성, 또는 이룬 일을 좋거나 훌륭하다고 말하거나 높이 평가하는 것'을 말한다. 누군가로부터 칭찬을 받는다면 받는 자세도 중요한데 다른 사람들이 자신을 칭찬할 때 너무 겸손한 나머지 부정을 하거나 거부하는 것은 예의가 아니다. 칭찬에 담긴 뜻을 격려로 알고 진심으로 감사할 줄 알아야 한다.

칭찬으로 인한 효과는 엄청나다. 타인과의 관계를 유연하게 만들 수 있고, 타인의 행동의 변화를 유발시키며 자신감을 갖게 한다. 그리고 기업과 고객과의 관계에서는 매출 상승의 효과를 얻을 수 있다. 상대를 지지하고 인정하고 칭찬하는 말을 통해서 긍정적인 사고방식을 가질 수 있으며, 상대의 좋은 모습을 칭찬하는 나의 모습에서 인격을 상승시킬 수 있다.

사례

1

플로렌츠 지그펠드는 브로드웨이를 현혹시킨 대 흥행사인데 '미국 여성을 미화'시키는 뛰어난 재능으로 명성을 얻었다. 그는 아무도 두 번 다시 돌아보지 않을 초라한 소녀를 찾아냈는데, 그 소녀는 무대에 서기만 하면 신비로운 매력을 지닌 여인으로 들변하는 것이었다. 칭찬과 자신감의 가치를 알고 있던 지그펠드는 정중한 태도와 깊은 호의를 나타냄으로써, 여성들 스스로 아름답다는 자신감을 갖게 해주었다. 그는 현실적이었는데 코러스 걸의 봉급을 주 30달러에서 최고 1백 75달러까지 올려주었다.

또한 지그펠드는 기사도 정신의 소유자이기도 해서, 공연 첫날에는 쇼의 배우들에게 전보를 보내고, 모든 코러스 걸들에게 값비싼 장미 꽃다발과 축전을 보냈다.

2

코네티컷 주의 뉴 페어필드에 사는 파멜라 던햄은 업무상 일솜씨가 선툰 직공들은 감독하게 되었다. 한 직공이 어찌나 일을 신통치 않게 하는지 다른 종업원들이 그를 놀려대는 것은 물론, 작업 시간에 통로를 뛰어다니며 그가 만든 물건을 들고 핀잔을 주곤 했다. 그것은 여러 가지로 해를 끼쳐 작업장의 생산성을 빼앗고 있었다.

파멜라는 그 직공에게 동기 부여를 하기 위해 여러 가지 방법을 써 보았으나 별 효과가 없었다. 그러던 중 그녀는 가끔씩 그 직공이 특별히 일을 잘 해낼 때가 있다는 것을 알았다. 그녀는 그때마다 다른 직공들 앞에서 그를 칭찬했다.

그의 솜씨는 날마다 좋아져 갔고 곧 그는 모든 일을 훌륭하게 해낼 수 있게 되었다.

이제 그는 남보다 뛰어난 작업 능률을 올리게 되었고, 다른 직원들도 그에게 칭찬을 하며 능력을 인정해주고 있다. 이처럼 비판이나 비웃음이 없는 정직한 칭찬은 좋은 결과를 가져다준다.

출처 : 데일 카네기. 2008. 카네기 인간관계론. 칭찬은 무쇠도 녹인다 중

04 효과적인 커뮤니케이션 스킬

1) 명령형을 청유형으로

서비스를 할 때, 고객과의 대화에 있어 자신도 모르게 명령조를 이야기하는 경우가 많다. 내가 상대방이 하도록 시키는 것이 아니라 상대방이 스스로 결정해서 따라올 수 있도록 의뢰형으로 표현해야 한다. 의뢰형의 말을 할 때는 "~니다", "~니까"로 끝나는 완전 높임말을 사용해야 보다 정중하게 상대방의 마음을 움직일 수 있다.

(예)

"손님 줄 서세요" ⇒ "손님 줄 서주시겠습니까?"
"기다리세요" ⇒ "손님, 잠시만 기다려주시겠습니까?"
"이쪽으로 가세요" ⇒ "이쪽으로 가주시겠습니까?"

2) 부정형을 긍정형으로

"몰라요", "안돼요" 등 이러한 표현으로 상대방이 내 의견이나 이야기를 부정하다 보면 상대방의 마음을 상하게 하여 불쾌감을 느끼게 한다. 고객의 요구나 문의사항에 대해서도 무조건 반사적으로 부정적 반응을 보이는 것보다는 최대한 완곡한 표현으로 긍정적인 말을 사용하여 상대방을 설득하는 것이 좋다.

(예)

"모릅니다" ⇒ "제가 알아봐 드리겠습니다"
"안됩니다" ⇒ "~하면 가능합니다"
"못합니다" ⇒ "도와드릴 수 있는 방법을 찾아보겠습니다"

3) 쿠션언어의 사용(Magic Words)

쿠션이라는 것은 푹신푹신하게 만든다는 의미로 대화에 있어서도 완충작용을 해주는 표현을 쿠션언어라고 한다. 상대방의 기분이 상하지 않기 하면서 자연스럽게 마술처럼 상대방을 설득시킬 수 있다는 의미에서 매직워드(Magic Words)라고도 한다. 상대방이 원하는 것을 들어주지 못하거나 상대방에게 부탁을 해야 할 경우에는 다음과 같은 표현을 사용을 사용하면 기분이 언짢아지는 것을 최소화할 수 있다.

(예)

미안합니다만 / 죄송합니다만 / 실례합니다만 / 힘드시겠지만 / 번거로우시겠지만

4) YES의 미학

상대방의 마음을 움직이는 것은 바로 표현하는 방법에 달려 있다. 반감을 일으키지 않도록 말하는 청각적인 분위기와 웃음을 보여주는 시각적인 효과가 훨씬 더 호소력이 있다.

(예)

"예, 알겠습니다" / "예, 무엇을 도와드릴까요?"
"예, 곧 해드리겠습니다" / "예, 잘 받았습니다"
"예, 안녕히 가십시오"

5) 핫 버튼(Hot-button)의 활용

핫 버튼이란 말을 그대로 직역하면 "뜨거운 단추"라고 할 수 있으나 대화법에서는 핵심적인 말을 의미한다. 상대방의 말 속에 숨어 있는 핵심을 신속히 간파하고 대응하는 것은 대화의 키워드를 찾는 일이고 고객만족의 첫 번째 과제이기도 하다. 특히 시간에 쫓기는 상황에서의 만남이거나 상대방을 설득해야 하는 상황이라면 질질 끌며 맴도는 말보다는 핵심을 찌르는 한마디 말이 설득력이 클 수도 있다.

6) 좋은 대화의 3 포인트

(1) 5WH(What, When, Where, Who, Why, How)를 염두에 두고 대화하도록 한다.

: 즉 육하원칙을 따져가며 대화할 때 상황이나 방법, 대화상대 등을 의식하여 대화하여야 한다.

(2) '사실'과 '의견'을 구분한다.

: 기존의 사실과 대화하는 개개인의 의견은 다를 수 있다. 사실과 의견을 잘 구별하여 대화하여야 대화상대와의 마찰을 줄일 수 있다.

(3) 결론부터 말한다.

: 대화할 때는 일단 결론부터 말해서 상대방의 궁금증을 풀어준 후 부연설명을 하거나 이해하게 하는 방식으로 대화한다.

(4) 반드시 복창, 확인을 한다.

: 상대방의 이야기를 들은 후 복창하여 중요한 내용은 다시 한 번 확인해야 정확한 의사 교환이 가능하다.

(5) 구체적으로 간결하게 한다.

: 대화내용은 구체적으로 표현하되 간결성을 잃지 않도록 요약하여 말하도록 한다.

7) 대화의 거리

사람간의 대화에도 적당한 거리를 유지하는 것도 예절의 한 부분이다.

미국의 문화 인류학자 에드워드 홀(Edward T. Hall)은 개인과 개인 사이의 공간 거리를 4가지로 구분하였다.

(1) 친밀한 거리 : 0 ~ 46cm

상대방의 숨결이 느껴질 정도의 친밀한 거리이다. 그러므로 언어보다 촉각, 후각 등의 감각이 소통수단이 되며, 가족이나 연인처럼 서로의 친밀도가 가장 높은 관계에서의 거리다. 따라서 그렇지 않은 관계임에도 불구하고 이정도 거리로 좁혀지면 움츠려들고, 긴장하며, 불안해하면서 위협으로 받아들여질 수도 있다. 즉 자기방어를 위한 최소한의 거리이므로 함부로 침범해서는 안 된다.

(2) 개인적 거리 : 50 ~ 120cm

개인적 거리는 상대와 접촉할 수 있는 거리로서 어느 한쪽이 손을 뻗으면 닿는 거리에서부터 양쪽이 서로 손을 뻗으면 닿는 거리까지를 말한다. 그러나 접촉보다는 주로 대화로 의사소통하며, 친한 친구나 잘 아는 사람들 사이의 일상적 대화의 간격으로 공식과 비공식의 경계지점이다. 적당한 친밀감과 어느 정도의 격식이 필요한데, 좀 더 친밀감을 높이려면, 가벼운 스킨십이나 조용한 목소리로 다가갔을 때 당황하지 않고, 편안해 한다면 호감의 표시이기도 하다. 그러나 상대방의 반응을 살피면서 거리를 좁혀가야 관계에 무리가 없게 된다.

(3) 사회적 거리 : 120cm ~ 3.6m

사회적 거리는 보통 목소리로 말할 때 들을 수 있는 거리이다. 일반적인 비즈니스 미팅이나 각종 모임에서 볼 수 있으며 비개인적인 업무가 행해지는 거리로 사무적, 공식적 성격을 띤다. 사적인 질문이나 스킨십이 허용되지 않기 때문에 대화에도 격식을 갖추는 예의가 요구된다. 사무실이나 넓은 공간에 놓인 탁자를 사이에 둔 소그룹의 회의나 모임 등이 여기에 속한다.

(4) 공적인 거리 : 3.6m 이상

개인과 대중의 형식적 접촉의 경우로서 좀 더 과장된 목소리 외에도 몸짓이나 자세 등 비언어적 의사전달수단이 필요하다. 교사와 학생, 연극배우나 가수, 강사와 청중 사이의 연설이나 강의 등에 유지되는 거리가 여기에 속한다.

심리적 거리

심리적 거리는 공간적인 거리와 비례해서 나타나는 경우가 많다.
수업시간에 어떤 학생은 항상 맨 앞자리에 앉는가 하면, 어떤 학생은 맨 뒷자리에 앉는다. 이러한 경향은 학생들이 선생님에게 느끼는 심리적 거리가 실제적 공간적 거리로 나타난 것이라고 볼 수 있다. 심리적 저항감과 실제적 거리는 상호 작용을 하므로 심리적 저항감이 멀리 떨어져 앉게 하는 원인이 됨과 동시에 멀리 떨어져 있는 습관은 결과적으로 수업에 대한 적극성을 저해하고 선생님에 대한 감정적 거리감을 느끼게 하는 원인이 될 수 있다. 이와 반대로 의식적으로 가까운 곳에 앉는 것으로 적극적이고 의욕적인 태도로 변하여 그 과목을 좋아할 수도 있고 선생님에게 친밀한 감정을 느끼게 될 수 있다.

8) 비언어적 커뮤니케이션

신체언어(Body Language)는 "몸짓이나 얼굴 표정, 자세를 통하여 타인에게 무의식적으로 보내는 메시지나 신호"로 정의될 수 있으며, 자세와 동작은 말하고 있는 언어의 의미를 더해 주는 보조적인 역할을 한다. 상대방과 대화할 때 몸을 앞으로 수그리거나 바짝 다가설 경우, 그 대화에 관심이 있다는 신체적 언어 표현이고 허리를 뒤로 젖히거나 다리를 꼬고 팔짱을 낀다면 방어적인 자세가 될 것이다. 이러한 습관에서 비롯된 비언어적 요소, 즉 불필요한 행동들로 인해 상대에게 부정적인 메시지를 줄 수 있으므로 유의해야 한다.

우리는 어떤 사람에 대해 '직관력이 뛰어나다', '눈치가 빠르다', '직감이 뛰어나다'라고 말하는 것은 우리 자신은 의식하지 못하지만 사실은 그 사람이 타인의 바디랭귀지와 언어 신호 사이의 차이를 구별해내는 능력이 뛰어나다는 것을 뜻한다.

상대방과의 대화에 있어 집중력을 떨어뜨리거나 오해를 살 수 있는 태도는 삼가면서 적절히 상대방의 신체언어를 효과적으로 잘 활용하면 사람과의 관계를 용이하게 하고 당신을 편안한 사람, 신뢰성 있는 사람으로 만들어 줄 것이다

05 DISC의 이해와 성향별 응대

1) DISC의 이해

일반적으로 사람들은 태어나서부터 성장하여 현재에 이르기까지 자기 나름대로의 독특한 동기요인에 의해 선택적으로 일정한 방식으로 행동을 취하게 된다. 그것은 하나의 경향성을 이루게 되어 자신이 일하고 있거나 생활하고 있는 환경에서 아주 편안한 상태로 자연스럽게 그러한 행동을 하게 된다. 우리는 그것을 행동 패턴(Behavior Pattern) 또는 행동 스타일(Behavior Style)이라고 한다.

DISC는 사람들이 이렇게 행동의 경향성을 보이는 것에 대해 미국의 Cartson Learning Company에서 신뢰할 만한 통계와 검증과정을 통해 개발한 인간의 행동유형을 검사하는 프로파일 도구이다. 1928년 미국 콜롬비아대학 심리학 교수인 윌리엄 마스턴(William Marston) 박사는 독자적인 행동유형모델을 만들어 설명하고 있다. 마스턴 박사에 의하면 인간은 환경을 어떻게 인식하고 또한 그 환경 속에서 자기 개인의 힘을 어떻게 인식하느냐에 따라 4가지 형태로 행동을 하게 된다고 했다. 그 4가지 형태는 각각 주도형(Dominance), 사교형(Influence), 안정형(Steadiness), 신중형(Conscientiousness)이다.

DISC행동유형 검사를 통해 어떠한 유형인지 파악하는 것이 좋겠지만 그렇지 못하다 해도 각 유형의 특성에 대해 알고 있다면 상대를 대할 때 커뮤니케이션의 효과를 높일 수 있을 뿐 아니라, 타인의 행동을 이해하고 효과적으로 다른 사람과 효과적으로 상호 작용할 수 있다.

사례

호감을 주는 비언어적 메시지에 대한 유명한 일화가 있다.

비언어적 메시지란 목소리와 얼굴표정, 시선처리, 몸동작, 패션스타일, 무대행동 등을 말하는데 특히 사람을 평가하는 데에 시각적 이미지는 청각적 이미지보다 훨씬 중요하게 작용한다.

1960년 대통령 후보 TV토론회가 열리는 날, 민주당 후보로 나온 존 F. 케네디는 짙은 색 양복을 골라 입고, 그는 건강하고 밝은 구릿빛의 얼굴표정을 지었으며 카메라를 향해 정직하게 응시했다. 말투도 당당함이 묻어나 있었고 자신감이 넘친 태도로 토론을 마쳤다. 트루먼 전 대통령이 케네디가 대통령을 맡기에는 너무 어리고 경험이 없다고 했던 비판을 일순간에 흐리게 한 토론이었다. 상대후보인 닉슨도 예리하게 답했다. 질문에 정확하게 답변했으며 자신이 한때 부통령으로 참여했던 아이젠하워 행정부가 이룩한 업적들에 대해 정확한 통계를 인용하며 침착하게 토론에 임했다. 그러나 흑백 텔레비전에 비친 닉슨의 모습은 마치 아픈 사람의 모습과 같았다. 화면 배경과 비슷한 담갈색 양복을 입어 선명하게 비치지 않았으며 창백한 얼굴빛과 계속 흐르는 땀이 카메라에 비쳤다. 눈을 자주 깜박거렸으며 어딘가 모르게 불편해 보이는 표정과 경직된 자세를 보여 유권자에게 어필하지 못했다는 평가를 받고 말았다. 닉슨의 표정이 조금 굳어져 있을 뿐인데 시청자는 마치 그가 심각한 걱정거리가 있는 듯한 인상으로 받아들인 것이다.

TV토론회가 마친 다음 날 국민들은 케네디에 더 많은 지지를 보냈다. 라디오 토론이 중계되던 때 닉슨이 압도적인 지지율을 보인 것과는 전혀 다른 성적이었다. 단 한 번의 TV토론회를 계기로 전세가 뒤집힌 것이었다.

이는 '말'로 이루어진 정치에서 '비언어적 메시지'로 초점이 변화했다는 연구를 뒷받침해주고 있다. 인간의 커뮤니케이션은 단순히 말로만 이루어지는 것이 아니라, 비언어적 요소도 함께 일어난다. 더욱 놀라운 것은 내용인 '말'보다 비언어적 요소가 커뮤니케이션에서 더 중요한 역할을 한다는 것은 기억할 필요가 있다.

또 하나의 일화로 고 김대중 대통령은 대중연설은 말만 잘하면 되지만 TV토론에서는 표정관리와 의상 등 비언어적 요소들을 신경 써야 해서 TV 토론이 더 어렵다고 인터뷰에서 밝힌 적이 있다. 실제로 카메라가 끊임없이 연설자를 촬영하고 있어 한 순간이라도 방심할 수 없으며 잠시 머뭇거리거나 생각에 잠겨 있으면 자칫 우유부단하고 나약하며 무능하게 비칠 수 있기 때문이다.

이는 정치인에게만 해당하는 이야기가 아니라. 의사와 환자의 대화에서도 환자가 의사의 말뿐만 아니라 시선처리와 표정, 태도에 민감한 이유도 비언어적인 행동이 의료 서비스의 질을 판가름 하는 결정적인 역할을 하기 때문이다.

눈을 마주쳐주고 이야기를 들을 때 고개를 끄덕여주는 것도 환자나 고객에게는 만족을 주는 수단이 되고 친절과 정중함을 느끼게 한다. 상대방의 마음의 리듬까지도 재구성할 수 있는 역할을 바로 비언어적인 요소들이 담당하는 것이다.

오늘도 우리는 많은 사람과 소통을 하며 살아갑니다. 그 소통 속에 말의 내용 뿐 아니라 비언어적인 요소까지 가미된다면 훨씬 더 소통을 잘 하는 사람으로 기억 될 것이다.

출처 : 뉴스한국 오피니언. 박진영

2) DISC 행동유형의 특성

유형	성향	특성
Dominance (주도형)	결과를 성취하기 위해 장애를 극복함으로써 스스로 환경을 조성한다.	• 빠르게 결과를 얻음 • 다른 사람의 행동을 유발시킴 • 도전을 받아들임 • 의사결정을 빠르게 내림 • 기존의 상태에 문제를 제기함 • 보스 기질이 다분함 • 어려운 문제를 처리함 • 스스로 결정하기를 좋아함
Influence (사교형)	다른 사람을 설득하거나 영향을 미침으로써 스스로 환경을 조성한다.	• 그룹 활동을 좋아함 • 호의적인 인상을 줌 • 말솜씨가 있음 • 다른 사람을 동기유발시킴 • 열정적임 • 분위기 메이커 역할을 함 • 사람과 상황에 대해 낙관적임 • 사무적인 정확성을 요하는 일에는 별로 맞지 않음
Steadiness (안정형)	과업을 수행하기 위해서 다른 사람과 협력한다.	• 예측가능하고 일관성 있게 일을 수행함 • 참을성을 보임 • 언행이 상냥함 • 다른 사람을 돕고 지원함 • 충성심을 보임 • 결단력이 없어서 우유부단함 • 흥분한 사람을 진정시킴 • 안정되고 조화로운 업무환경을 만듦

유형	성향	특성
Conscientiousness (신중형)	업무의 품질과 정확성을 높이기 위해 기존의 환경 안에서 신중하게 일한다.	• 중요한 지시나 기준에 관심을 둠 • 세부사항에 신경을 씀 • 기한 내에 정확하게 일을 끝맺음 • 분석적으로 사고하고 찬반, 장단점을 고려함 • 자세한 업무에 지시가 없으면 힘들어함 • 갈등에 대해 간접 혹은 우회적으로 접근 • 정확성을 점검함 • 업무수행에 대해 비평적으로 분석함

3) 유형별 커뮤니케이션 방법

말한다		듣는다	
D	I	S	C
성과를 얻기 위해 말하기	인정을 받기 위해 말하기	이해하기 위해 듣기	분석하기 위해 듣기
'무엇'에 초점 (What)	'누구'에 초점 (Who)	'방법'에 초점 (How)	'이유'에 초점 (Why)

(1) D(주도형)형의 커뮤니케이션 특성

- **말할 때 :** 빠르고, 크고, 간단 명료하다. 원하는 답을 정해 놓고 질문한다.
- **들을 때 :** 답답하면 중간에 개입, 정리한다. 자기 의견과 다르면 말을 자른다. 물으면서 나름대로 정리 결과를 빨리 원한다.
- **글 쓸 때 :** 짧고 명료하게 쓴다.
- **질문할 때 :** 빠른 답을 요구한다. 내용이 간략하고 명령조이다.

커뮤니케이션 방법

간략히 말하고 핵심만 이야기한다. 상대방이 원하는 결과에 관심을 가지고, 결과를 성취하고 문제를 해결하고, 책임을 질 부분, 최종 결과나 목표에 대해서 이야기한다.

(2) I(사교형)과의 커뮤니케이션 특성

- 말할 때 : 예화가 많다고 느끼면 바로 이야기한다. 상대방의 반응(칭찬 등)을 기대한다.
- 들을 때 : 무언가 들으면 입술이 움직인다. '저렇게 밖에 못하나..'하고 답답해한다. '다음 번에는 이렇게 이야기하겠지..'하고 예측한다.
- 글 쓸 때 : 핵심 내용보다는 설명 표현이 더 많다. 글 자체보다는 전체 분위기에 집중한다. '차라리 말로 하지..' 한다.

커뮤니케이션 방법

호의적이고 친근한 환경에서 자기의 생각, 느낌에 대해 이야기할 기회를 제공하고 공감과 칭찬의 표현을 통해 교류하도록 하며, 참여적인 관계를 제공한다.

(3) S(안정형)과의 커뮤니케이션 특징

- 말할 때 : 부드럽게 웃으면서, 목소리 톤은 조용하고 조심스럽게 상대방을 보면서 말한다.
- 들을 때 : 상대방이 다 말할 때까지 기다린다. 상대방의 이야기를 자기 일처럼 받아들이고 도와주려 한다. 있는 그대로 받아들인다. 상대방을 신중하고 편안한 얼굴로 쳐다보면서 듣는다. 자기가 해줄 수 있는 일을 생각하면서 듣는다.
- 글 쓸 때 : 다른 사람이 봐도 한 눈에 알 수 있도록 자세히 쓴다.

- 질문할 때 : 목소리가 작다. 질문이 적지만 꼭 해야 할 경우에는 꼭 한다. 상대방의 입장을 고려하면서 부드럽게 표현한다.

> **커뮤니케이션 방법**
>
> 편안한 환경에서 개인적으로 진실된 관심을 가진다. 명확하게 목표, 역할, 절차, 전체 계획에서 위치를 규정하고, 비공식적인 편안한 토론을 통한 대화의 기회 제공으로 원활히 의사소통을 한다.

(4) C(신중형)과의 커뮤니케이션 특징

- 말할 때 : 첫마디를 떼기가 어려운 경향이 있다. 과장하지 않고 사실 그대로 머릿속으로 정리한 다음에 말한다. 상대방의 반응에 관심이 많다.
- 들을 때 : 논리적인 것에 관심이 있다. '거짓'에 예민하고 상대방에 대한 관심이 높다.
- 글 쓸 때 : 편지 쓰기를 선호한다. 고민하며 쓰는데 내려가도 틀이 잡힌다. 쓰고 난 뒤 불만족해 하지만 잘 쓰는 편이다.
- 질문할 때 : 질문을 자주 하지 않는다. 질문은 간결하게 하되 끝가지 물고 늘어지는 경향이 있다.

> **커뮤니케이션 방법**
>
> 논리적, 체계적 방법으로 주제를 취급하고 정확한 데이터를 가지고 설명한다. 구체적으로 말하며 참을성 있게 지속적으로 설득하는 식으로 이야기한다.

학습 및 토론과제

1. 커뮤니케이션이 대인관계 및 비즈니스에 있어 중요한 이유에 대해 생각해보자.

2. 평소에 커뮤니케이션에 불편을 느끼거나 곤란했던 경험이 있으면 발표해보자.

3. 평소의 나의 대화는 I-Message인지 You-Message인지 생각해보자. 그리고 다음의 You-Message를 I-Message로 바꿔보자.

   - "너는 왜 늘 그 모양이야. 그래 가지고 되겠어?"
   - "지현씨, 사무실이 왜 이렇게 지저분합니까?"
   - "김대리, 김대리는 왜 나랑 상의도 없이 결정했어요?"

4. DISC의 네 가지 유형에 대해 말해보고, 나의 유형의 대화 스타일과 개선할 점에 대해 생각해보자.

5. 쿠션 화법을 실생활에 활용해보고 좋았던 사례가 있으면 발표해보자.

6. 호감가는 커뮤니케이션 스킬로 상황에 따른 고객응대 멘트를 작성해보자.

   - 고객을 맞이할 때
   - 고객에게 질문하거나 부탁할 때
   - 고객으로부터 재촉을 받을 때

Chapter 08

용모와 복장 매너

❶ 용모와 복장의 중요성

❷ 헤어와 메이컵

❸ 비즈니스를 위한 여성 코디네이션

❹ 비즈니스를 위한 남성 코디네이션

❺ 컬러별 코디네이션

❻ 액세서리 활용법

❼ 취업 코디네이션

학습목표

- 용모의 개념과 단정한 복장의 이해와 중요성에 대해 학습한다.
- 나에게 맞는 헤어와 메이컵을 알아본다.
- 비즈니스 상에서 필요한 여성, 남성 코디네이션 방법에 대해 학습한다.
- 액세서리를 활용하는 방법과 주의사항에 대해 학습한다.
- 면접 시 적합한 취업 코디네이션에 대해 학습한다.

사전점검

❶ 용모란 내 얼굴의 모습을 말한다. | YES | NO |

❷ 비즈니스 상에서 패션센스도 나의 이미지를 상승시키는 도구이다. | YES | NO |

❸ 나는 나에게 어울리는 헤어와 메이컵 방법을 알고 있다. | YES | NO |

❹ 나의 용모와 복장은 소속된 기업과 대인관계에서 영향을 미친다 | YES | NO |

❶ N ❷ Y ❸ Y or N ❹ Y

01 용모와 복장의 중요성

남들에게 호감을 줄 수 있는 단정한 용모와 복장은 나의 이미지 설계에 매우 중요한 역할을 한다.

용모란 겉으로 드러나는 전체적인 모습을 말하며 용모가 단정하면 자기관리를 잘하는 사람으로 비춰진다. 또한 의상은 첫인상 전달 효과에서 70% 이상을 차지하며 복장은 상대의 기대에 부응하여 호감도를 높이는 절대적인 요소이다.

옷을 제대로 입는다는 것은 Time(시간), Place(장소), Occasion(경우나 상황), 즉 자신이 있어야 하는 곳의 자리와 위치, 상황 등에 맞는 옷차림 말하는 것이다.

자신의 개성 표현도 중요하지만 사회생활에서 비즈니스를 위해서는 다른 사람에게 비춰지는 모습을 고려해서 단정하게 보일 수 있도록 한다.

그럼 우리가 갖춰야 할 용모복장이란?

1. 내게 잘 어울려야 하고
2. 때와 장소에 맞게 입으며
3. 남들이 보았을 때 거부감이 들지 않는 옷차림을 말한다.

용모와 복장이 중요한 이유는 다음과 같다.

1) 첫인상을 좌우한다.

용모와 복장은 겉으로 드러나는 첫인상을 판단하는데 있어 중요한 역할을 한다. 이로써 결정된 첫인상은 신뢰감을 형성하기도 하고 비즈니스에 성공 여부에도 영향을 미친다.

2) 기분전환을 한다.

평소 집에서 입는 편안한 차림으로 있을 때와 직장에서 비즈니스를 위해 갖추어 입은 복장과는 마음가짐이 다르다. 단정하고 깔끔하면서도 일에 적합한 복장을 갖추면 프로다운 이미지를 전달할 수 있다.

3) 직장 분위기가 달라진다.

개개인의 단정한 용모와 복장이 회사 전체 분위기를 상승시킬 뿐 아니라 회사 전체 이미지로 평가될 수 있다.

4) 일의 능률이 향상된다.

'외모가 임금을 결정짓는다'는 말이 있다. 상상 이상으로 외모는 성공의 기초가 될 수 있다. 프로다운 이미지에서 프로다운 일의 성과를 기대할 수 있다.

- 옷차림이 말해 주는 것 : 경제적 능력, 교육 수준, 사회적 지위, 세련미, 신뢰도, 재치나 견문, 정신 상태, 소속한 단체의 분위기
- 옷은 다른 사람이 자신에 대해 갖는 느낌을 결정적으로 좌우하며, 자신에게는 자기 암시로 작용하여 일과 성공에 실질적인 영향력을 행사

02 헤어와 메이컵

1) 남성 헤어와 메이컵

(1) 남성 헤어

남성은 여성에 비해 훨씬 더 헤어 연출에 따라 영향을 받는다. 자신에게 잘 어울리면서 단정한 헤어 연출로 깔끔한 이미지를 연출하도록 한다.

- 앞머리는 이마를 가리지 않도록 한다.
- 옆머리는 귀를 덮지 않도록 한다.
- 뒷머리는 셔츠 깃에 닿지 않도록 한다.
- 빗질을 하거나 헤어 제품을 사용하여 단정한 머리 모양을 한다.
- 머리가 지나치게 길거나 유행을 따르는 머리는 피한다.
- 지나치게 튀는 염색이나 헤어스타일은 피한다.

(2) 남성 메이컵

요즘은 남성도 외모에 대한 관심도가 높아지면서 남성 메이컵에 대한 다양한 제품들과 함께 여러 방면으로 시도되고 있다.

남성은 여성과 달리 피지분비는 많지만 피부 수분양이 여성의 1/3밖에 안 된다. 자연히 여성의 피부보다 거칠고 유, 수분의 균형이 맞지 않게 된다. 여성의 피부보다 번들거림이 심하고, 피부결이 곱지 못하고 푸석거리고 면도로 세균감염 위험이 높다.

- 스킨 : 면도에 의한 미세한 상처를 진정시킬 수 있고 살균작용과 수렴작용까지 해준다.
- 로션 : 피부에 영양과 보습력을 주어 매끈한 피부를 유지시켜 준다.
- 크림 : 피부에 영양과 탄력을 준다. 공기가 건조한 겨울에 각질이 일어나는 피부에는 반드시 발라주어야 한다.
- 자외선차단제 : 자외선은 피부를 거칠게 하고 잡티를 만드는 원인이 되므로 차단제는 늘발라준다.
- 눈썹이 너문 지저분하거나 밑으로 너무 쳐져 있다면 다듬어 준다.
- 입술은 립밤이나 립글로스로 촉촉해 보이도록 한다.

2) 여성 헤어와 메이컵

(1) 여성 헤어

여성의 경우 단정히 묶거나 고정시킨 머리는 마음가짐도 단정히 여기지만, 흐트러진 머리는 그 사람의 전체가 흐트러져 있는 느낌을 받는다고 한다.

- 앞머리는 눈을 가리지 않고 올리거나 옆으로 놓는다.
- 화려한 머리장식은 피한다.
- 너무 밝은 색이나 튀는 색상의 염색은 피한다.
- 머리가 흘러내리지 않도록 헤어제품으로 고정한다.

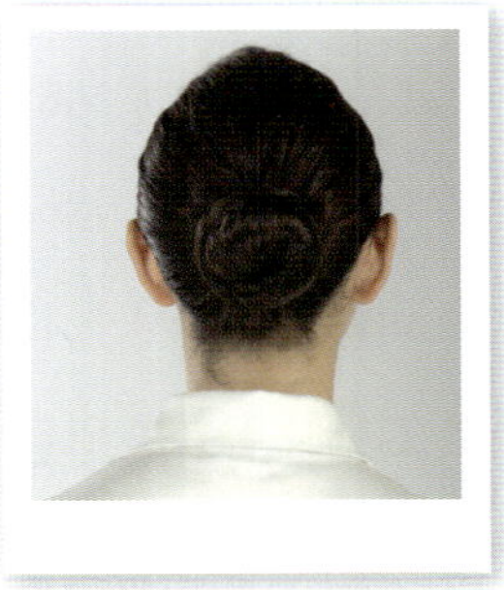

(2) 여성 메이컵

현대사회에선 메이컵도 기본 에티켓이다. 깔끔하고 정돈된 얼굴은 상대에게 좋은 이미지를 심어주며, 심미적으로도 자신감이 생기고 대인관계에 있어서도 긍정적인 영향을 준다. 자신의 피부타입에 맞게 건강하고 생기있어 보이는 얼굴로 연출해 보이도록 해야 한다.

- 과하게 진한 화장도 좋지 않지만 화장기가 없는 얼굴도 성의 없어 보인다.

- 잡티를 가리기 위한 두꺼운 화장보다는 자연스럽게 보이도록 잡티만 커버하면서 연출한다.
- 의상과도 어울릴 수 있는 메이컵을 선택한다.
- 얼굴과 목 경계가 분리되어 보이지 않도록 주의한다.
- 아이라인이 번지지 않고 깔끔해야 한다.

스킨케어 순서

스킨 → 에센스 → 아이크림 → 로션 → 수분크림 → 영양크림 → 메이컵

Tip

베이스메이컵을 위한 Tip

메이컵베이스 : 피부 톤을 조절하며 파운데이션의 밀착감을 증진시키고 메이컵의 지속력을 높여준다.

BB크림 : 블레미시 밤(Blemish Balm)의 약자로 자외선 차단과 피부 보호, 붉은 기운을 진정효과가 있으며 잡티를 가려주고 피부톤을 정리해준다.

CC크림 : CC크림은 Color-Change 또는 Complete Combo의 약자로 피부톤을 화사하게 해주거나 보정해준다는 뜻을 담고 있으며, CC크림이란 자연스러운 피부 톤 커버와 촉촉한 스킨케어가 가능한 화장품으로 기존의 BB크림보다 촉촉한 편이기 때문에 건성 피부 메이컵에 효과적이다.

컨실러 : 컨실러는 눈 밑의 다크서클이나 기미, 잡티, 주근깨 등 피부의 결점을 보완할 때 사용하며, 파운데이션 양을 줄여 바를 수 있게 하여 더 깨끗하고 자연스러운 피부 표현이 가능한다. 리퀴드형, 크림형, 스틱형, 펜슬 등이 있다.

파우더 : 파운데이션의 유분기를 흡수하여 번들거림을 방지하며 베이스 메이컵의 지속성을 높여 준다. 종류로는 분말형(loose powder)과 압축(pressed powder)형 파우더가 있다.

색조 화장품의 종류와 사용 방법

종류	사용 방법
눈썹 펜슬	• 눈썹의 숱을 많아 보이도록 하거나 형태를 예쁘게 잡기 위해 사용한다. • 주로 펜슬타입을 많이 쓰지만 케이크 타입으로 자연스럽게 연출하기도 한다. 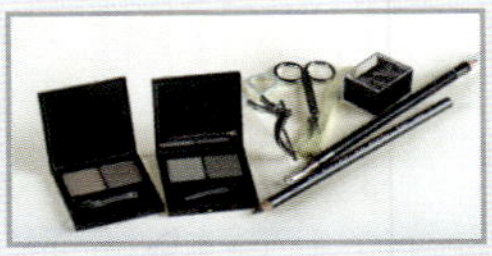
아이섀도우	• 눈에 음영뿐 아니라 화사함과 입체적인 포인트를 주기 위해 사용한다. • 개인의 피부색, 개인의 이미지와 그날의 의상컨셉에 맞게 사용하도록 한다. • 크림타입 : 부드럽고 밀착력이 좋으나 지속성이 떨어진다. 케이크타입 : 발색이 좋고 지속성이 우수하다. 크리미타입 : 크림타입과 케이크타입의 중간 형태이다. • 한꺼번에 많은 양을 바르지 않고 손등이나 화장솜에 문질러 사용하고, 얇게 여러 번 조금씩 발라서 깊이감을 더 해 준다. 
아이라이너	• 눈에 깊이감을 더해주고 뚜렷한 눈매를 위해 사용한다. • 주로 블랙과 브라운색을 주로 이용하며, 젤타입과 리퀴드타입, 펜슬타입이 있다. 
마스카라	• 속눈썹을 짙게 그리고 풍성하고 길어보이도록 한다. • 눈 화장에 있어 선명함과 정돈되어 보이는 느낌을 주어 더욱 완성도를 더해준다. 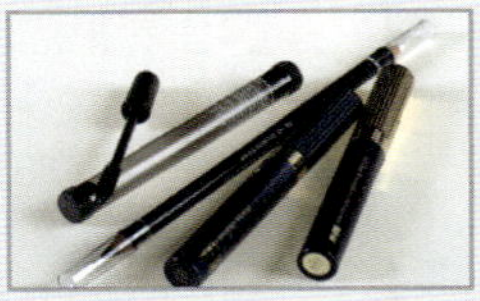
립스틱	• 입술의 생기와 얼굴 전체의 생동감을 주기 위해 사용한다. • 그 날의 의상 색상과 아이섀도 색상과 맞추어 색상을 선택한다. 

사례

"이성의 외모를 볼 때 눈부터 본다" 56%

한국의 20~40대 들은 이성의 외모를 볼 때 '눈'을 가장 먼저 본다고 응답했다.

동아일보 위크엔드가 여론조사회사 나우앤퓨처(www.nowrfuture.co.kr)와 함께 20~40대 남녀 1,000명을 대상으로 '이성을 볼 때 맨 먼저 보는 부위'를 인터넷으로 설문 조사한 결과 55.9%가 눈을 꼽았다.

남성보다는 여성이, 나이가 많을수록 눈으로 응답한 이들이 많았다. 특히 눈을 맨 먼저 본다는 여성은 40대(74.1%), 30대(67.1%), 20대(62.9%)로 큰 차이를 보이지 않았다.

전체적으로 눈에 이어 몸매(16%), 가슴(11.3%), 헤어(6%), 피부(3.2%), 힙(2.8%), 입술(2.5%), 코(2.3%) 순으로 나타났다.

눈 다음의 부위로는 남성은 가슴(21.8%), 몸매(20.6%) 헤어스타일(5.4%)을, 여성은 몸매(11.4%), 헤어스타일(6.6%)의 순으로 꼽았다.

사례

TV의 한 프로그램에서는 미남의 자격이라는 재미있는 주제로 헤어의 변화에 따라 이미지뿐 아니라 연령대까지도 달라 보일 수 있다는 것을 증명하였다 헤어스타일에 따라 달라지는 남자를 매칭시켜 같은 사람임에도 불구하고 헤어스타일에 따라서 미남이 되기도 하고 평범하거나 추남이 되기도 한다는 것을 보여 주었다.

프로그램 중 소개된 장면을 겹쳐 한 사진을 통해 확인해 볼 수 있다.

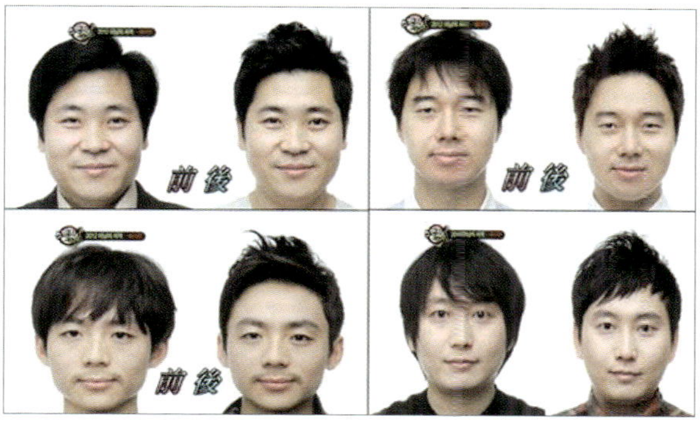

항간에 '여자는 화장 빨, 남자는 머리 빨'이란 말이 있다. 여자에게 메이컵이 자신을 단점을 보완하고 더 돋보이게 해 주는 요소라면, 남자에게 헤어는 전체적인 스타일을 좌우하고 자신감을 결정짓는 가장 중요한 요소가 된다는 말이다. 이러한 말은 광고는 8년전 리바이스 광고에서 카피로 사용되기도 하였다.
최근 스스로 가꾸는 그루밍족 남성들이 증가하면서 자신의 이미지를 위해 더 많이 투자하고 관리하면서 최상의 모습을 연출하기 위한 노력이 증가하고 있다.

사진출처 : http://blog.naver.com/juya0414/130036692475

3) 얼굴형에 따른 헤어스타일 연출

얼굴형		good	bad
둥근형	여자	• 이마를 드러낸 롱 헤어 • 세로선을 강조한 볼륨이 들어간 긴 웨이브 • 옆 가르마의 끝부분에 살짝 웨이브를 준 단발 • 비대칭 보그 커트 • 보이시 커트	• 무거운 뱅 헤어 • 모발을 귀 뒤로 넘겨 얼굴형이 완전히 드러나는 스타일 • 양 옆으로 볼륨을 주는 스타일
	남자	• 윗머리는 볼륨을 살리고 옆머리는 최대한 붙여주는 스타일	• 옆머리가 귀를 덮는 스타일
긴형	여자	• 머리 윗부분을 볼륨을 다운 • 볼 쪽에 웨이브를 준 단발 또는 미디엄 헤어 • 미디엄 길이의 볼륨매직	• 앞머리가 없는 긴 생머리 • 반듯한 앞가르마
	남자	• 앞머리나 전체적으로 짧은 스타일	• 눈을 덮을 정도로 긴 앞머리

사각형	여자	• 여성스럽고 부드러운 느낌의 스타일 • 윗머리를 풍성하게 연출 • 굵은 컬의 긴 머리 • 앞머리와 옆머리에 웨이브를 준 레이어드 커트 • 광대뼈나 턱선 아래에서 시작하는 레이어드 커트	• 턱선이 드러나는 일자 단발 • 앞가르마 • 사이드뱅의 일자형 앞머리 • 짧은 생머리 • 목덜미나 머리 전체에 볼륨이 있는 스타일
	남자	• 웨이브 파마로 가벼운 컬을 준 커트 • 윗머리를 위로 세우는 스타일	• 이마를 다 덮는 앞머리
역삼각형	여자	• 옆머리는 양 볼 윗부분에 가능한 한 붙이고 아랫부분에 볼륨감 • 이마를 덮는 앞머리 • 바깥말음 스타일 • 단발 볼륨매직 • 미디엄 길이의 굵은 웨이브 • 앞머리를 관자놀이로 연결되게 커트	• 앞머리가 없는 긴 생머리 • 머리를 바짝 올려 묶은 스타일 • 이마가 넓어 보이는 올백
	남자	• 옆머리를 내리는 스타일	• 머리 윗부분을 부풀린 헤어스타일
마름모형	여자	• 볼륨 있는 단발 • 앞머리는 양옆으로 갈수록 길게 잘라서 관자놀이를 덮는 스타일 • 비대칭 가르마 • 레이어드 커트 • 턱 아랫부분에서 부드럽게 바깥말음	• 얼굴형이 완전히 드러나는 쇼트 커트 • 일자 뱅스타일 앞머리
	남자	• 위로 뻗치게 하는 스타일	• 옆머리를 길게 한 스타일

03 비즈니스를 위한 여성 코디네이션

옷을 조화롭게 잘 입는다는 것은 나와 잘 어울리게 입는다는 의미일 것이다. 나와 잘 어울리게 입기 위해서는 자신의 얼굴형을 비롯한 신체 체형을 잘 파악하여 거기에 적합한 디자인을 선택하고 또한 나에게 맞는 컬러로 더욱 나의 매력을 최대화할 수 있도록 하는 것이 필요하다. 또한 단순히 '예쁘게 입는다'라기 보다는 T. P. O에 맞는 복장으로 자신이 있는 위치에 맞게 입음으로 사회인으로써의 복장 예절을 지키는 것이 대인관계를 더 유연하게 할 수 있다.

1) 여성의 체형별 코디네이션

자신의 체형을 잘 파악하여 단점에 집착하기 보다는 장점을 찾아 장점을 부각시킬 수 있도록 하는 것이 좋으며, 체형 보완을 위해서는 ABC원칙을 따라야 한다. A는 강조(Accentuate), B는 조화(Balance), C는 위장·보완(Camouflage)이다.

(1) 모래시계형

어깨와 엉덩이가 크고 허리가 가는 체형이다. 전체적으로 가슴과 엉덩이가 풍만하여 볼륨이 있어 여성미가 느껴지는 체형으로 가는 허리만 보완해주면 자연스럽게 어울릴 수 있다.

Good	Bad
• 자연스러운 허리 곡선의 싱글 브레스티드 자켓 • 허리가 너무 가늘어 보이지 안하게 허리 부분에 볼륨을 주거나 느슨한 벨트 • 전체적으로 부드럽고 약간 느슨한 디자인 • 상의는 허리선이 들어간 셔츠 스타일 • 부드러운 소재의 랩스커트나 플레어스커트	• 상의가 짧은 엠파이어 스타일의 블라우스 • 가슴 부분에 장식이 있거나 프릴 같은 장식이 많은 디자인 • 박스형 오버사이즈 자켓과 일자바지 • 크루넥처럼 네크라인이 목 바로 아래에 있는 상의

(2) 역삼각형

상체는 크고 하체는 작은 체형으로, 어깨가 넓고 엉덩이가 작은 체형으로 어깨와 가슴 부위가 많이 발달되고 하체가 상대적으로 빈약하므로 하의에 볼륨감을 주고 상의는 심플한 디자인으로 선택하는 것이 균형에 맞다.

Good	Bad
• 어깨가 강조되지 않고 상체의 부피감이 적은 심플한 디자인의 상의 • 어깨를 분할하는 디자인의 상의 • 하체에 볼륨을 주는 플레어나 개더·플리츠 스커트 • 아웃포켓이 달린 넉넉한 디자인의 바지	• 견장, 어깨장식, 폭이 넓은 칼라 • 상체의 부피감을 더해 주는 가슴의 셔링이나 프릴 • 상체가 강조되는 더블 브레스티드나 부피감 있는 소재의 상의 • 상의가 하의보다 밝은 컬러

(3) 삼각형

상체는 빈약하고 하체는 엉덩이와 허벅지 부분이 발달한 체형으로 상의는 밝은 컬러와 볼륨감으로 시선을 위로 끄는 것이 좋고 하의는 심플한 디자인에 어두운 컬러의 수축색이 좋다.

Good	Bad
• 어깨에 볼륨을 주는 패드나 퍼프소매, 견장 • 상체를 강조하는 디테일(핀턱, 셔링) • 밝은 색상의 상의와 어두운 색상의 하의 • 절개선이 있는 디자인이나 A라인 실루엣	• 상체가 왜소해 보이는 타이트한 상의 • 굵은 하체를 드러내는 타이트한 스커트나 바지 • 하체가 커 보이는 엉덩이 부분의 주름, 개더스커트

(4) 직사각형

어깨나 가슴, 허리, 엉덩이의 차가 크지 않은 체형으로 아주 마른 사각형 체형과 체격이 큰 사각형 체형으로 구분할 수 있다. 대체로 볼륨감이 없는 체형으로 가슴이 작고 납작하며, 허리와 힙의 사이즈가 비슷하다.

Good	Bad
• 시선을 상승시키는 디테일이나 액세서리 • 곡선미가 있는 부드럽고 자연스러운 어깨선의 자켓이나 코트 • 허리 곡선을 살려 줄 수 있는 프린세스 라인의 원피스, 코트 • 허리선이 약간 들어간 오버 블라우스와 튜닉형 상의 • 마른 형은 직선적 몸매를 감춰줄 수 있는 레이어드룩, 하체에 볼륨을 주는 풍성한 스커트	• 직선적 느낌의 박스스타일의 자켓이나 코트 • 허리선을 너무 강조하는 굵은 벨트 • 너무 얇거나 몸에 붙는 소재 • 지나치게 헐렁한 스타일 • 상의를 하의 안에 넣어 입는 스타일

(5) 둥근형

신체의 모든 부분이 전체적으로 살이 많고 둥근 형태의 체형으로 너무 동글동글해 보이거나 둔해 보이는 것을 보완하는 것이 좋다.

Good	Bad
• 직선이나 각을 이용한 디자인 • 검은색을 비롯하여 차고 어두운 느낌의 수축색 • 수직선을 사용하여 세로 느낌 강조 • 부피감이 없는 소재 • 세로로 긴 목걸이나 롱 타이 연속으로 이어지는 단추	• 체형이 드러나는 밀착되는 의복 • 허리가 강조되는 굵은 벨트 • 목이 강조되는 굵은 목걸이 • 둥근 느낌을 강조하는 라운드 네크라인 • 부피감을 더해 주는 퍼프소매, 어깨 패드

2) 여성의 복장

(1) 수트

여성의 경우에도 수트는 위, 아래 같은 소재의 한 벌 정장을 말하며, 자켓과 스커트 혹은 자켓과 바지정장 한 벌을 말한다.

❶ 자켓

: 몸의 큰 부위를 차지하는 옷은 무늬가 없는 검정, 네이비, 회색, 베이지 등의 단색 계열을 선택하는 것이 무난하다. 품이 너무 작지 않은 것을 선택하며, 어깨가 좁거나 처진 경우에는 어깨 패드가 있는 것을 선택한다. 사이즈가 작아 어깨선이 안으로 들어갈 경우, 팔뚝은 더욱 굵어 보인다.

❷ 스커트

: 스커트의 길이는 무릎 밑이나 위에 맞추는 것이 적당하며, 키가 작다면 무릎 위에 맞추고, 키가 크다면 무릎을 덮는 정도가 좋다. 스커트를 입었을 때 주름이 생긴다면 작다는 신호이니 사이즈를 좀 더 여유롭게 입는 것이 좋다.

③ 바지

: 바지의 길이는 구두에 맞추면 되는데 힐을 신을 경우 뒷굽의 반 정도, 낮은 굽의 구두는 구두 뒷부분 전체의 반 정도가 좋다. 키가 작은 경우는 하이웨스트 형의 바지가 좋으며 하체가 통통하면 통이 조금 넓은 것이 좋다.

④ 블라우스

: 블라우스는 얼굴과 가까이 있는 옷으로, 내 얼굴형에 따라 다양한 칼라와 네크라인의 블라우스를 선택하여 내 얼굴형의 단점을 보완하고 얼굴을 돋보여 줄 수 있도록 하는 것이 좋다.

- 셔츠칼라 : 일반적으로 면접 시 많이 착용하는 기본형의 셔츠로 둥근 형 얼굴에 좋으나 보수적이고 단조로 보일 수 있다.
- 라운드셔츠칼라 : 칼라 끝이 둥근 형으로 각진 얼굴형의 사람들에게 좋다.
- 플랫칼라 : 얼굴에 각이 지고 긴 얼굴형에 좋으며, 목이 길지 않은 사람에게 적합하다.
- 오픈칼라 : 둥근형의 얼굴에 좋으며 목이 짧은 사람에게 좋다.
- 보우칼라 : 리본 장식형의 칼라로 목을 감싸는 형은 마름모형의 얼굴형과 목이 긴 사람에게 어울리고 스카프 형식으로 목 아래서 리본을 묶는 형은 둥근형의 얼굴형과 목이 짧은 사람에게 어울린다.

❺ 원피스

: 디자인이 단순하면서도 단정한 원피스는 자켓 안에 입으면 활동성과 여성스러움을 동시에 겸비할 수 있어 많이 입는 아이템이다.

- 어두운 컬러의 자켓 + 밝은 컬러 원피스
  밝은 컬러 자켓 + 어두운 컬러 원피스 매칭 법칙

어두운 컬러 : 검정, 남색, 갈색, 짙은 회색
밝은 컬러 : 화이트, 아이보리, 핑크, 베이지, 밝은 회색

등을 말하며 대비가 크게 매칭해서 입는 것이 단조로움을 피하면서도 날씬해 보이는 역할을 한다.

- 프릴이나 레이스가 많은 원피스는 피하는 것이 좋다.
- 일자형 원피스에 허리 라인은 살짝 들어가 있는 것이 날씬해 보인다.
- 얇은 소재의 원피스에는 속치마를 입어서 비치지 않도록 한다.

04 비즈니스를 위한 남성 코디네이션

1) 남성 체형별 코디네이션

(1) 역삼각형

어깨가 넓고 상체가 발달하여 남성적인 매력과 건강미가 돋보이는 체형으로 상체를 강조하기 보다는 전체적으로 균형을 맞추는 것이 중요하다.

Good	Bad
• 단색의 무늬가 없는 수트 • 전체적으로 슬림한 원 버튼 자켓 • 얇고 단순한 디자인의 니트	• 상체가 커 보이는 더블 자켓 • 어깨를 강조하는 디자인(패드, 견장, 단추) • 너무 몸에 붙는 스타일

(2) 직사각형

가장 일반적인 남성 체형으로 직선형으로 마른 몸매의 유형이다. 이러한 체형은 너무 왜소해 보이지 않도록 유의하도록 한다.

Good	Bad
• 어깨가 넓어 보이는 라펠이 넓은 자켓 • 상체가 커 보이는 더블 자켓 • 베스트가 있는 쓰리피스 수트 • 어깨 패드나 견장, 브레스트포켓과 행거칩 • 입체적 짜임이 들어간 니트 • 밝은 색상이나 체크무늬로 된 수트	• 헐렁한 스타일의 바지 • 너무 얇은 소재의 수트 • 깊은 V존의 자켓 • 단색으로 된 어두운 수트

(3) 둥근 형

전체적으로 살집이 있어 통통하고 둥근 체형으로 날렵한 디자인으로 보완하는 것이 좋다.

Good	Bad
• V존이 깊고 어깨가 각진 상의 • 단색의 원버튼 자켓 • 각진 칼라의 셔츠 • 길고 여유가 있는 자켓과 팬츠	• 상체가 커 보이는 자켓 • 두껍거나 뻣뻣한 소재의 상의 • 너무 얇거나 몸에 붙는 소재 • 체형이 드러나는 밀착되는 의복 • 목이 강조되는 라운드 네크라인

2) 남성의 복장

(1) 수트

수트는 위, 아래 같은 소재의 한 벌 정장을 말한다.

- 싱글 수트 : 가장 일반적인 정장의 형태로, 자켓의 단추가 한 줄로 달려 있고 앞에 여밈이 홑자락으로 되어 있다.
- 더블 수트 : 앞 단추가 양 쪽으로 두 줄로 달려있고 앞여밈이 겹쳐있는 수트로 세련된 느낌을 준다.
- 쓰리 피스 : 기본 정장에 베스트(조끼)를 첨가한 수트를 말한다.

브이존

라펠

(2) 드레스 셔츠칼라의 종류

레귤러 칼라 (Regular straight-point Collar)	• 제일 일반적인 전통셔츠로 누구에게나 어울리고 어떤 스타일의 수트와도 무난하다. • 셔츠의 깃은 넓은 것과 좁은 것이 있으며, 넓은 깃은 얼굴이 큰 사람에게 좁은 것은 얼굴이 작은 사람에게 효과적이다 • 셔츠 깃 사이의 간격이 넓은 와일드 스프레드는 어깨가 넓고 얼굴이 긴 사람에게 좋고, 간격이 좁은 나로우 스프레드는 얼굴이 둥근 사람에게 좋다.
버튼다운 칼라 (Button-down Collar)	• 칼라 깃 끝에 단추로 고정되어 있는 디자인으로 깃에 심지가 없어 부드러우며 주로 캐주얼 셔츠에 많다.
라운드칼라 (Round Collar)	• 칼라 깃 끝이 둥글게 되어 있는 디자인으로, 깃에 풀을 먹여 수트에 입기도 하고 캐주얼 자켓에 입기도 한다. • 라운드 칼라는 얼굴이 작고 얼굴형이 각 진 사람에게 효과적이다.
핀홀 칼라 (Pin hole Collar)	• 셔츠 깃 끝을 핀으로 조여 입는 스타일로 셔츠 깃을 핀으로 모으는 것만 제외하면 레귤러칼라와 같다. • 핀 장식으로 세련되어 보이며 목이 긴 사람에게 효과적이다.
차이나 칼라 (Chinese Collar)	• 중국의 전통의상을 변형한 셔츠칼라로 넥타이를 맬 필요가 없어 편리하고 단정한 느낌을 준다. • 목이 긴 사람이나 얼굴이 둥근 사람들에게 좋다.
클래릭셔츠 (Cleric Collar shirt)	• 셔츠의 몸판과 소매, 칼라 부분의 색깔이 다른 셔츠로 세련되고 젊은 느낌을 준다.

(3) 바지

- 바지는 허리에 걸쳐 입는 것이 허리를 가늘게 보이게 하며 앉을 때도 편안하다.
- 바지의 앞 주름(핀턱)은 앉았을 때 편안하게 하는 기능을 하며 장식적인 효과가 있다.
- 바지의 밑단에 단을 올린 턴 업(카브라)은 바지의 앞부분을 살짝 덮는 정도가 좋으며, 키가 작아 보이게 하므로 키가 작다면 없는 것이 좋다.
- 바지통은 너무 넓지 않게 입는 것이 좋으며 바지의 선은 체형에 따라 자연스럽게 엉덩이에서 발목까지가 점차 가늘어져야 한다.

바지 길이

구두에 맞추는 것이 좋으며, 앞으로는 발등이 살짝 덮히는 정도, 구두 뒷굽의 시작 정도가 또한 걸을 때 양말이 보이지 않을 정도가 좋다.

(4) 착장 시 유의할 점

- 수트 자켓은 어깨와 겨드랑이에 주름이 생기지 않고 말끔하게 떨어져야 한다.
- 자켓의 품은 주먹 한 개가 들어갈 정도가 들어가야 한다.
- 자켓의 기장은 손을 내렸을 때 옷자락이 잡힐 정도가 적당하다.
- 셔츠는 맨 윗 단추를 채워서 손가락이 2~3개 정드 들어가면 적당한 목둘레이다.
- 셔츠의 소매 끝이 자켓의 소개길이 보다 1~1.5cm 정도 길게 한다.
- 셔츠에 무늬가 있으면 타이는 단순하게, 셔츠가 단색이면 타이는 패턴이 들어간 것이 좋다.

체형 체크리스트

자신의 신체 스타일을 파악하도록 전체적인 체형을 분석해보자.

키	작은	평균	큰		
얼굴형	계란형	둥근형	역삼각	마름모	긴형
목길이	짧은	중간	긴편		
어 깨	좁은	넓은	처진	각진	
다리길이	긴	보통	짧은		
전체 비율	키 : 얼굴 길이 : 얼굴 길이 / 키 : 등신				
체형 타입	모래시계	역삼각	삼각형	사각형	둥근형

05 컬러별 코디네이션

퍼스널컬러는 개인에게 어울리는 색을 진단하여 활용할 수 있도록 만들어 컬러 시스템이다. 사람마다 어울리는 색상이 있는데 자신에게 맞는 색상은 피부색을 더욱 건강하고 자연스럽게 보이도록 한다.

퍼스널컬러의 개념은 색채학 교수인 요하네스 이텐 교수에 의해 주장된 이론으로 그는 저서에서 "자연계의 사계절은 모든 색채의 원천이며 조화가 있으므로 그 의미하는 것을 깊이 관찰해야 하고 개인이 선택하는 색에는 주관적인 특성이 있고 그 특성은 내면을 이끌어내는 동시에 어울리는 색상이다"라고 역설하였다.

퍼스널컬러 진단은 개개인의 신체색상(피부색, 머리카락 색, 눈동자 색)를 분석하여 4계절 색상으로 분류된 진단지로 어울리는 색을 진단하여 그에 따른 색채유형과 이미지, 스타일에 따라 패션과 뷰티에 적용하는 토털 코디네이션 개념의 컨설팅이다.

퍼스널컬러 진단은 봄, 여름, 가을, 겨울 4계절로 분류하는데 피부톤을 기준으로 옐로 베이스, 블루 베이스로 구분된다. 옐로 베이스는 따뜻한(Warm) 톤으로 봄, 가을 타입의 사람이 여기에 해당하며, 블루(Cool) 베이스는 여름, 겨울 타입의 사람이 여기에 해당한다.

1) 봄 타입(Spring Type)

봄 타입은 귀엽고 경쾌하며 발랄한 활기 넘치는 젊은 이미지로 머리색과 피부색이 밝은 사람으로 옐로 베이스에 속한다.

피부색은 매끄럽고 밝고 투명하며 대체로 주근깨 같은 잡티를 가지고 있다. 머리카락은 대체로 눈동자 색과 비슷한 밝은 갈색으로 윤기가 나고 부드럽고 얇은 것이 특징이다.

어울리는 색상은 노란색이 기본이 되는 난색계열과 신선한 색, 선명한 비비드색과 밝은 파스텔색이 어울린다.

(1) 헤어와 메이컵

: 눈썹은 갈색이나 회갈색, 아이섀도는 의상에 맞추어 베이지, 오렌지, 피치, 연두가 적당하며 입술 색은 오렌지, 코랄, 피치, 누드 베이지 정도가 좋다. 헤어 컬러는 밝은 갈색, 오렌지 계열의 색이 잘 어울린다.

(2) 패션

: 순백의 화이트보다는 아이보리나 베이지, 파스텔컬러의 셔츠나 블라우스나 비비드한 자켓이 남성의 경우 카멜색, 밝은 회색 수트가 좋다. 액세서리는 밝은 골드나 진주가 적당하며 큰 느낌보다는 작고 귀여운 스타일을 선택한다.

2) 여름 타입(Summer Type)

여름 타입은 부드럽고 연한 색으로 우아하며 엘레강스한 이미지로 여성스러운 이미지로

피부색은 핑크 빛이 돌며 피부색이 다소 붉은 피부가 많아 겨울사람에 비해 비교적 밝은 피부보다 중간색이나 어두운 피부가 많은 사람으로 블루 베이스에 속한다.

머리카락은 윤기가 나지 않는 건조한 타입으로 가늘고 밝은 갈색이나 어두운 회갈색을 많이 띠며, 눈동자도 부드러운 갈색이 주를 이룬다. 어울리는 색은 부드럽고 차가운 느낌을 주는 핑크계열의 튀지 않는 파스텔 색, 부드러운 스카이 블루 등이 어울린다.

(1) 헤어와 메이컵

: 피부는 내추럴하게 표현하고 아이섀도는 핑크베이지, 연한 핑크나 연한 하늘색, 연 브라운이 좋으며, 입술은 핑크베이지, 연 핑크, 자주색 등이 적당하다. 헤어는 자연갈색, 회갈색, 와인색 등이 어울린다.

(2) 패션

: 도회적 이미지로 엘레강스한 세미정장이나 흰색 티셔츠에 청바지의 내추럴한 스타일이 좋으며, 남성은 남색, 회색이 적당하며 셔츠는 소프트한 화이트, 연하늘색, 연핑크가 적당하다. 액세서리는 실버나 백금이 좋으며 광택이 없는 것이 좋다.

3) 가을 타입(Autumn Type)

가을 타입은 황색 빛이 주를 이루는 가라앉고 차분한 느낌을 주며 편안하고 부드럽고 성숙된 이미지로 피부색은 노르스름한 피부에 황색 빛을 가지고 있어 옐로 베이스에 속한다.

머리카락은 짙은 갈색에 눈동자 역시 짙고 어두운 갈색으로 전체적으로 차분한 이미지를 가지고 있어 어울리는 색상 역시 노란색이 기본이 되는 한국의 가을 낙엽의 색상이 주를 이룬다.

(1) 헤어와 메이컵

: 피부는 내추럴 베이지 계열로 아이섀도는 브라운 계열과 카키색 등이 좋으며, 입술은 피치, 베이지, 브라운 계열이 좋다. 헤어는 짙은 갈색, 카키 계열, 브론즈 계열의 컬러가 잘 어울린다.

(2) 패션

: 셔츠는 밝은 베이지나 노란 빛의 스트라이프 등의 패턴이 들어간 것이 적당하고 자켓은 카멜색, 브라운, 카키 등의 풍부한 가을의 색상을 사용하되 액세서리는 골드계열이나 가죽을 선택한다.

4) 겨울 타입(Winter Type)

겨울 타입은 푸른빛이 감도는 색 중에서도 강하고 가라앉은 느낌을 주는 색이 주를 이루며 강렬한 모던하고 심플한 도시 이미지로 피부색이 희고 푸른빛을 지니고 있는 블루베이스에 속한다.

머리카락 색과 눈동자 색은 짙은 계열의 짙은 회갈색이나 검정색으로 피부와 대조적인 깔끔한 이미지로 색상은 화이트와 블루를 기본으로 대비가 강한 색이 잘 어울린다.

(1) 헤어와 메이컵

: 원포인트 메이컵을 포커스로 하되 피부 표현은 핑크 베이지, 로즈 베이지로 표현하고 아이섀도는 블랙, 퍼플 블루, 실버그레이 등의 색상이 좋다. 입술은 선명한 핑크, 짙은 레드, 와인, 퍼플 계열 헤어는 짙은 갈색, 검정, 블루 블랙, 와인 등이 어울린다.

(2) 패션

: 블랙 & 화이트 배색이 잘 어울리며 무채색에 원색의 비비드한 컬러를 포인트로 사용하면 좋다. 남성은 검정색, 짙은 회색, 짙은 남색이 어울리며 셔츠는 백색, 푸른색, 회색 등이 좋으며 액세서리는 실버나 백금이 적당하며 모던한 스타일로 선택한다.

자가진단 방법

- 옷장을 열어 자신이 가진 옷 중에 즐겨 입는 옷과 좋아하는 컬러의 옷을 분류한다.
- 단색으로 되어 있는 옷을 얼굴에 대어보고 얼굴색의 변화를 체크하여 본다.
- 골드, 실버 종이를 각각 얼굴 뒤에 세워보고 둘 중에 어울리는 색을 확인하였을 때, 골드가 잘 어울리는 사람이면 따뜻한 계열의 사람이고, 실버가 잘 어울리는 경우 차가운 계열의 사람이다.

5) 퍼스널 컬러의 장점

(1) 얼굴색을 보완한다.

: 밝고 투명하며 회사하고 생기있어 보인다.

(2) 얼굴형을 보완한다.

: 일종의 착시 효과로 얼굴이 작고 입체적으로 보이며 광대뼈, 턱선 등이 두드러져 보이지 않는다.

(3) 젊고 건강해 보인다.

: 주름이나 그늘이 없고, 눈 밑 처짐과 다크서클, 기미, 잡티, 여드름 등이 두드러지지 않는다.

(4) 자신만의 이미지로 자신감을 높인다.

: 자신에게 맞는 색으로 장점을 부각시켜 늘 세련되고 매력적인 이미지를 연출할 수 있으며, 타인으로 하여금 긍정적인 평가를 받게 되며 보다 자신감을 향상시킬 수 있다.

(5) 경제적인 효율성이 있다.

: 자신의 이미지나 색상을 알고 있을 경우 충동구매를 자제할 수 있고, 자신에게 필요한 소비를 할 수 있어 시간이나 돈을 절약할 수 있는 합리적인 쇼핑이 가능하다.

06 액세서리 활용법

1) 가방

가방은 의상과 전체적인 조화를 이루는 것이 좋으며 몸의 크기와 비례해서 선택하는 것이 좋다. 기본적으로 비즈니스 가방은 서류가 들어갈 수 있는 크기 이상은 되어야 하며 구두와 색상을 동일하게 맞추면 무난한 코디네이션이 될 수 있다.

2) 구두

구두는 패션을 마무리하는 단계이기도 하면서 내 이미지를 완성시키는 역할을 하기도 한다. 발이 편하면서도 가죽이 부드러운 것을 선택하는 것이 좋고 심플한 디자인이 비즈니스 구두로 적당하다.

(1) 남자의 경우

- 입고 있는 하의의 색상과 맞추거나 어둡게 신는 것이 일반적이다.

- 구두 굽이 한 방향으로만 닳아 있지 않은지 확인하고 늘 청결히 관리한다.
- 한 개의 구두만 계속 신기보다는 두 켤레를 준비해 번갈아 신는 것이 구두의 변형과 냄새도 방지할 수 있다.

(2) 여자의 경우

- 하의와 색상을 맞추면 다리가 길어 보인다.
- 키가 작다면 구두의 앞 코가 둥근 것보다는 커브가 있는 것이 키가 커 보인다.
- 종아리가 굵은 사람이 굽이 너무 가는 하이힐을 신으면 다리가 더욱 굵어 보인다.
- 발목이 굵거나 다리가 짧은 사람이 통굽 구두는 피하는 것이 좋다.
- 구두 굽이 닳아 소리가 나지 않는지 확인하고 빨리 교체하는 것이 좋다.

3) 타이와 스카프

단조로울 수 있는 수트 코디네이션에서, 타이는 유일하게 컬러를 사용할 수 있는 부분으로 얼굴을 돋보이게 해주는 아이템이다. 다양한 색상과 패턴으로 포인트 역할을 하며 남성의 V존을 완성시킨다.

타이의 착용할 때는 세 가지만 유의하면 된다.

(1) 타이의 색상과 문양

타이의 색상으로 우리나라 남성들은 푸른색계열을 선호한다. 푸른색 계열은 성실함과 신뢰감을 주며 핑크색 계열은 세련됨과 부드러운 인상을 줄 수 있으므로 상황에 따라 다양한 연출을 해보는 것이 좋다.

(2) 타이의 패턴

솔리드　　레지멘탈　　스트라이프　　도트　　페이즐리

(3) 타이의 매듭

- 타이의 매듭의 크기나 모양은 타이의 폭이나 소재, 매는 방법에 따라 달라진다.

넥타이 매는 법

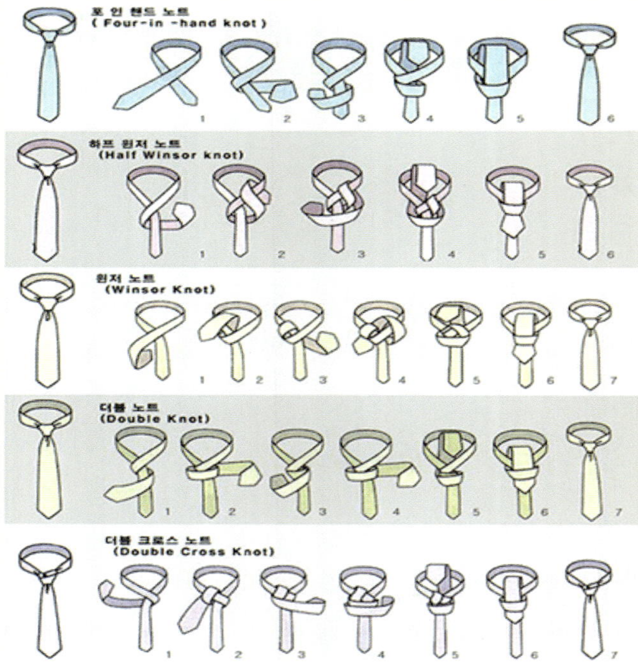

http://blog.naver.com/babillon5584/220285117867

(4) 타이의 길이

- 타이의 길이는 넥타이 끝이 바지 벨트 버클의 중간까지 오도록 하는 것이 좋다.
- 요즘은 자동 타이가 있어 편리하지만 길이 조절이 원활하지 않으므로 일반타이로 자신이 원하는 길이를 확인하면서 매는 것이 좋다.

(5) 스카프

남성의 타이만큼이나 코디네이션에 포인트 역할을 하면서 화사함과 여성스러움을 줄 수 있는 아이템이다. 의상이 단색이면 화려한 스카프를, 의상이 화려하면 단색의 스카프를 매는 것이 좋은 연출이며 보통은 의상과 같은 계열의 색상이 무난하며 여러 가지 무늬가 있을 경우 그 가운데 한 가지 색상을 택하면 스카프 색상으로 정하는 것이 좋다.

또한 얼굴이 둥근 사람은 폭은 좁으면서 길게, 긴 얼굴형은 쁘띠 스카프로 얼굴을 짧아 보이게 매는 것이 적합하다.

4) 양말과 스타킹

(1) 양말

양말은 구두나 바지와 동일한 색상으로 맞추는 것이 좋으며, 정장용 양말은 목이 긴 양말로 앉았을 때 살이 보이지 않는 것이 예의이다.

(2) 스타킹

- 기본색상으로는 살색, 커피색, 블랙이 있다.
- 구두와 스타킹의 색을 맞추면 다리가 길어 보이그 단정한 느낌을 준다.
- 큰 무늬의 스타킹은 다리가 굵어 보인다.
- 지나치게 튀거나 색상이 들어간 스타킹은 자제하는 것이 좋다.

5) 시계와 주얼리

(1) 시계

- 내 체격과 비례해서 선택하며, 체격이 크고 손목이 굵으면 밴드가 굵고 팬던트의 크기도 큰 것이 적당하며 반대로 손목이 얇으면 밴드가 얇고 팬던트의 크기도 작은 것이 좋다.
- 밴드 소재는 가죽이나, 메탈로 선택할 수 있다.
- 가죽 밴드는 검은색과 갈색이 일반적이며, 가을, 겨울에 착용하는 것이 좋다.
- 메탈 밴드 중 실버메탈은 젊고 시원한 느낌을 주며 골드메탈은 따뜻하면서 고급스럽게 보인다.

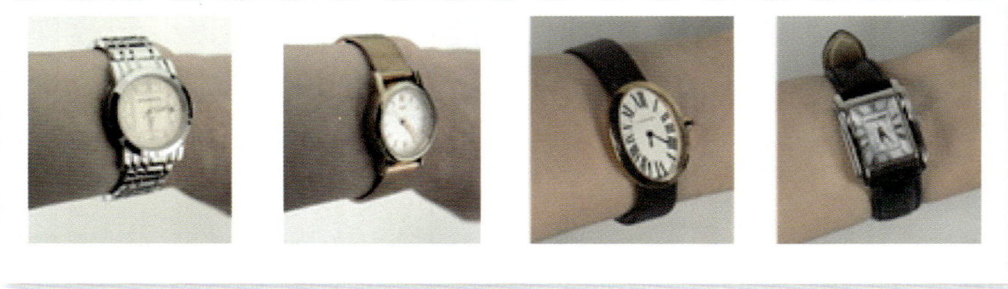

(2) 주얼리

귀걸이나 목걸이, 반지 등의 주얼리는 시선을 분산시켜 주고 단조로운 코디네이션에 포인트를 줄 수 있는 아이템이다. 하지만 너무 많은 주얼리는 너무 화려하고 산만하다. 한 두 개 정도의 주얼리만 사용해서 그 효과를 살리는 것이 좋다.

- 비즈니스에 적합한 주얼리의 유형은 모양이나 장식이 심플하면서도 크기가 너무 크지 않는 것이 좋다.
- 귀걸이와 목걸이는 얼굴의 크기를 고려하여 선택하는 것이 좋으며, 얼굴 크기가 큰 사람은 귀걸이의 크기가 조금 큰 것으로, 크기가 작은 사람은 작은 것으로 선택하는 것이 좋다.
- 얼굴형이 각이 진 사람은 둥근형의 모양의 주얼리를 얼굴이 둥근 사람은 사각형이나 다이아몬드형처럼 각이 들어간 모양의 주얼리가 더 효과적이다.

07 취업 코디네이션

취업에 있어 옷차림도 경쟁력이다. 좋은 옷차림으로 좋은 첫인상을 심어준다면 외모도 나의 스펙이 되는 것이다. 면접에서 좋은 이미지를 연출하기 위해 깨끗하고 단정한 복장은 필수 조건이다.

1) 면접 코디네이션

일반적으로 남성의 경우, 면접 시에는 어두운 색 수트를 많이 입는데 검정보다는 짙은 네이비나 회색 정장이 더 효과적이다. 짙은 네이비는 신뢰감을 주는 색으로 회색은 진취적인 이미지를 줄 수 있다고 한다. 마른 사람이라면 밝은 회색을 선택하여 예민해 보이는 인상을 부드럽게 해주는 것이 좋고, 키가 작은 사람은 셔츠와 넥타이를 밝고 화사하게 연출하여 시선을 위로 올려 주는 것도 좋다.

여성은 여성스럽고 차분한 스타일이 좋으며 머리는 단정하게 묶거나 단정한 단발머리로, 단색이나 무늬가 많지 않은 투피스 치마정장이나 바지정장이 적합하다. 활동성을 요구하는 회사라면 셔츠나 블라우스에 스트라이프나 기하학 무늬가 들어간 것을 선택하는 것도 좋다. 또한 액세서리는 작으면서 세련된 느낌을 주는 것으로 고르는 것이 좋다.

면접을 보기 이전에 복장체크리스트를 통해 복장을 점검하여 좋은 인상을 전달할 수 있도록 하자.

(1) 남성 복장 체크리스트

복장	체크 사항	Yes	No
수트	너무 크거나 작은 사이즈의 수트는 아닌가?		
	자켓이 너무 구겨져 있지 않은가?		
	자켓이나 바지에 주머니에 소지품들로 불룩하지는 않은가?		
	바지의 길이는 적당한가?		
	바지가 너무 타이트해서 주머니가 벌려 있지는 않은가?		
셔츠	셔츠의 단추는 채워져 있는가?		
	셔츠칼라나 소매끝단은 깨끗한가?		
	셔츠는 바지에서 빠져 나와 있지 않은가?		
액세서리	얼룩진 타이를 하고 있지 않은가?		
	타이는 매듭이 느슨하지 않고 단정하게 매어져 있는가?		
	타이의 길이는 벨트 중간에 맞춰져 있는가?		
	의자에 앉았을 때 다리 털은 보이지 않는가?		
	양말의 색상은 구두나 바지의 색상과 맞추어져 있는가?		
	구두 뒷굽이 닳아 있지 않은가?		
	구두색과 벨트색은 잘 맞추어져 있는가?		

(2) 여성 복장 체크리스트

복장	체크 사항	Yes	No
헤어 & 메이컵	헤어는 깔끔하게 정돈되어 있는가?		
	머리색이나 형태는 화려하지 않은가?		
	머리가 흘러내리거나 앞머리가 눈을 가리지 않는가?		
	화장은 번지거나 뭉치지 않았는가?		
수트	복장이 너무 화려하지 않은가?		
	속옷이 비치지는 않는가?		
	수트에 구김이나 얼룩은 없는가?		
	바지나 스커트의 길이는 적당한가?		
	바지나 스커트의 사이즈는 여유가 있는가?		
셔츠	블라우스의 색상은 수트와 조화로운가?		
	블라우스칼라나 소매끝단은 깨끗한가?		
액세서리	손과 손톱은 청결한가?		
	스타킹에 올이 나가지는 않았는가?		
	구두는 깨끗하고 굽이 닳지 않았는가?		
	액세서리가 너무 과하거나 화려하지 않은가?		

학습 및 토론과제

1. 나의 복장체크리스트를 체크해 보고 개선할 점에 대해 생각해보자.

2. 용모나 복장으로 인해 좋은 평가를 받았던 사례나 혹은 나쁜 평가를 받았던 사례를 발표해 보자.

3. 나에게 어울리는 헤어와 메이컵 방법에 대해 생각해보자.

4. 나의 체형에 어울리는 코디네이션에 대해 생각해보자.

5. 면접에서 개인의 용모와 복장이 미치는 영향에 대해 말해보자.

MEMO

Chapter
09

전화 매너와 이메일 매너

1. 전화 매너의 이해
2. 전화의 특성과 매너
3. 전화응대 실습
4. 휴대전화 매너
5. 이메일(전자우편) 매너
6. 넷티켓(Netiquette)

학습목표

- 전화의 특성과 전화 매너의 필요성에 대해 학습한다.
- 전화응대 실습을 통해 실생활에서 적용할 수 있도록 습득한다.
- 휴대전화 매너에 대해 학습한다.
- 이메일(전자우편)에 대해 이해하고 작성방법과 매너에 대해 학습한다.
- 네티켓에 대해 개념과 핵심원리를 학습한다.

사전점검

❶ 나는 평소에 전화를 친절하게 받는다. | YES | NO |

❷ 전화응대는 업무의 기본이자 기업 이미지의 처음이다. | YES | NO |

❸ 평소 전화로 상대방과의 커뮤니케이션이 원활하다. | YES | NO |

❹ 휴대전화 사용 매너에 대해 알고 지키고 있다. | YES | NO |

❺ 나는 이메일 작성방법 및 넷티켓 대해 알고 있으며 실천하고 있다. | YES | NO |

❶ Y or N ❷ Y ❸ Y or N ❹ Y or N

01 전화 매너의 이해

현대사회에 있어 전화는 비즈니스에 있어 더욱 중요한 사무 수단이 되었다. 의사소통이 기능을 넘어서 정보검색, 정보전달 등 그 기능이 다양한 만큼 정보화 시대의 필수적인 도구이며, 통신기기의 대명사라 할 수 있는 전화는 스마트폰의 등장으로 업무에서 전화가 차지하는 비중이 매우 커졌을 뿐 아니라 스마트 폰의 다양한 기능을 활용하여 업무의 효율성을 높일 수 있게 되었다.

직장에서 올바른 전화응대는 업무능력 향상과 직결되는 요소로, '업무의 기본'이라 할 수 있다. 또한 전화는 업무뿐 아니라 업무를 위한 인간관계도 전화를 통하여 이루어진다고 해도 과언이 아닐 정도로 전화가 차지하는 비중이 큰 만큼 친절하고 예의바른 전화응대의 중요성을 간과해서는 안 된다.

따라서 비즈니스에 필요한 전화응대 시 바른 전화예절과 태도로 나와 우리 회사의 이미지를 대표한다는 마음으로 전화응대 능력을 갖추도록 한다.

02 전화의 특성과 매너

1) 전화의 특성

많은 사람들이 직장에서 어려움을 겪는 업무 중의 하나가 전화 응대이다. 전화는 대화를 하면서 자신의 감정까지도 전달되기 때문에 자신의 전화응대 태도가 회사의 이미지를 높일 수도 있고, 반대로 상대방을 불쾌하게 하여 회사의 이미지뿐 아니라 거래나 사업에 치명적인 불이익을 줄 수 있다.

전화는 특성상

- **전화는 상대방의 얼굴을 볼 수 없다.**

  얼굴을 못 보면 표정을 확인할 수 없고 오직 상대방의 음성에만 의존해 대화를 나누어야 한다.

- **전화는 일방적으로 이루어지기 쉽다.**

  전화는 내가 원하는 시간과 상황에 이루어지는 것이 아니라 예측 없이 일방적으로 이루어지기 때문에 항상 준비된 자세가 필요하다.

- **전화는 비용이 발생한다.**

  일반적으로 전화를 걸면 비용이 발생한다. 고객의 입장에서는 시간과 비용을 들여 전화를 거는 것이기에 성의 있는 전화응대를 하는 것이 중요한다.

- 전화는 보안성이 없다.

요즘은 기업에서도 서비스 품질 향상을 위한 전화 내용을 사전 양해를 통해 녹취하는 것이 보편화 되어있다. 스마트 폰의 사용으로 인해 고객 또한 전화 내용을 녹취하는 경우도 있는 만큼 전화응대는 고객과의 일대일 정보 공유가 아니다.

2) 전화 매너

전화는 비록 보이지 않지만 회사의 첫인상이며, 서비스의 창구이고, 고객만족의 첫걸음이기 때문에 존칭 문제, 절적한 어휘 선택 및 높임말 사용 등 바른 전화응대를 하기 위해 언어예절뿐 아니라 전화응대의 기본을 확실히 익혀 두어야 한다.

(1) 전화응대의 3원칙 – 신속, 정확, 친절하게

신 속 전화벨이 3회 이상 울리지 않게 하고 늦게 받았을 경우는 반드시 죄송하다는 사과의 말을 먼저 하도록 한다.

전화응대 3·3·3 법칙

전화벨이 3번 울리기 전에,
통화는 3분 이내에
상대방이 전화를 끊은 후 3초 후에 수화기를 내려 놓는다.

정 확 상대방의 용건을 정확히 파악하도록 하며, 중요한 내용은 반드시 복창하며 메모하도록 한다.

> **용건은 5W1H법칙으로!**
> Who, When, Where, What, Why, How의 육하원칙에 따라 메모한다.

친 절 상대방이 잘 알아들을 수 있게 또박또박 예의바르게 분명한 목소리로 말한다. 전화로도 웃는 모습이 전달되도록 밝고 활기찬 목소리로 친절하고 예의바르게 응대한다.

음성 톤	(+) 태도	(−) 태도
솔	명랑한 이미지	신경질적인 이미지
미	겸손한 이미지	타성에 젖은 이미지
도	정중한 이미지	침체된 이미지

(2) 전화응대 매너

1. 용건만 간단히 말하며, 잘 듣고 상대방 말을 도중에 끊지 않는다.
2. 사적인 전화를 삼간다.
3. 통화 중 부득이 다른 말을 할 경우에는 수화기를 막고 한다.
4. 통화연결 시 상대를 오래 기다리게 하지 않는다.
5. 전화기 주변은 항상 정리정돈 한다.
6. 메모하면서 확인하면서 듣는다.
7. '전문용어 및 업계용어'는 함부로 사용하지 않는다.
8. 요조체보다는 다까체를 주로 사용한다.

Tip

전언메모 Tip

전화번호	
일 시	00년 00월 00일 오전 / 오후 00시 00분
받은 사람	000
From	000님
To	000과장님
용 건	
통화결과	☐ 전화 왔었다고 전해주십시오 ☐ ( )시경 다시 전화드릴 것입니다. ☑ 전화 해달라고 하셨습니다. (번호 : 010－000－0000)

03 전화응대 실습

(1) 전화를 걸 때

- 필요한 자료나 메모지에 용건을 정리하고 전화한다.
- 전화를 걸기 적당한 시간, 장소, 상황이 적절한지 체크한다.
- 상대방의 소속과 이름을 확인 후 자신을 밝힌다.
- 통화가능 여부를 확인한다.
- 용건은 결론부터 말한다.
- 용건에 대해 쉽고, 간결하고, 명확하게 전달한다.
- 끝맺음 인사를 한다.
- 거는 쪽이 먼저 끊는다(단 윗사람에게는 아랫사람이 나중에 끊는다).

주의 사항

- 늦은 밤, 이른 아침, 식사 시간은 피하는 것이 좋다.
- 문자를 보낼 때에도 너무 늦은 시간이나 이른 시간은 피한다.
- 통화 도중 끊어졌을 때는 건 쪽에서 다시 걸도록 한다.
- 잘 못 걸었을 경우, 끊지 말고 잘 못 걸어 죄송하다고 말한다.

(2) 전화를 받을 때

- 메모지와 필기구를 항시 준비한다.
- 전화는 왼손으로 받는다.
- 신속하게 받는다.
- 인사말과 소속, 이름을 정확히 밝힌다.
- 전화를 건 상대방을 확인한다.
- 확인하면서 메모하며 듣는다.
- 끝맺음 인사 후 끊는다.
- 끝인사 후 고객이 수화기를 내려놓은 후 내려놓는다.

> 주의 사항
>
> - 전화를 받으면서 다른 행동을 하지 않는다.
> - 고객에게 기다리라는 멘트 후 너무 오래 기다리게 하지 않는다.
> - 장시간 기다리게 할 경우 전화를 끊게 한 후 내용을 확인한 후 고객에게 전화를 걸도록 한다.

(3) 전화응대 실습

- 첫 응대

> "안녕하십니까? OO회사, OO팀 홍길동입니다."
> "감사합니다. OO회사 OOO입니다."

- 상대방을 확인할 때

> "실례지만 누구신지 여쭤봐도 되겠습니까?"
> "누구시라고 전할까요?"

- 늦게 받았을 때

> "늦게 받아서 죄송합니다. 저는 00회사 000입니다."
> "늦게 받아서 죄송합니다. 무엇을 도와드릴까요?"

- 부서를 잘 못 찾는 전화

> "전화가 잘 못 걸렸습니다. 찾으신 부서로 연결해 드리겠습니다.
> 혹시 끊어지면 000-000으로 걸어주시기 바랍니다."

- 기다리게 할 때

> "기다리게 해서 죄송합니다."

- 찾는 사람이 부재중일 때

> "00과장님은 지금 잠깐 자리 비우셨습니다. 약 1시간 후에 통화가 가능하실 것 같습니다. 용건을 말씀해 주시면 전해 드리겠습니다."

- 다른 사람에게 연결할 때

> "네, 잠시만 기다려주십시오."
> "네, 잠시만 기다려 주시면 연결해 드리겠습니다."

- 통화가 어려운 상황일 때

> "죄송합니다. 전화가 잘 들리지 않으니 전화번호를 말씀해 주시면 잠시 후 다시 걸겠습니다."
> "죄송합니다. 지금 전화 통화가 어렵습니다. 전화번호를 말씀해 주시면 다시 전화 드리겠습니다."

- 잘 못 걸려온 전화

> "아, 전화가 잘 못 걸렸습니다. 여기는 OO회사입니다. 다시 확인하시고 걸어주세요."

- 끝 인사

> "감사합니다. 안녕히 계십시오."
> "감사합니다. 좋은 하루 보내십시오."

04 휴대전화 매너

1. 공공장소나 직장에서는 소리설정을 진동모드로 해놓아야 한다.
2. 사람들이 있는 곳에서는 최대한 목소리 크기를 낮추고 짧게 통화해야 한다.
3. 상대방에게 통화가 가능한가를 먼저 확인해야 한다.
4. 휴대폰이 울리면 받는 쪽에서 자신의 이름을 대면서 받는다("네, 000입니다").
5. 전화가 잘 못 걸려 왔을 때에도 친절히 "전화가 잘 못 걸렸습니다"라고 말한다.
6. 전화를 잘 못 걸었을 경우에는 "죄송합니다. 전화를 잘 못 걸었습니다"라고 사과의 뜻을 전한다.
7. 통화가 끝나면 전화를 건 사람이 먼저 끊는 것이 원칙이나 상대방이 상사나 어른이라면 먼저 끊기를 기다린다.

05 이메일(전자우편) 매너

1) 이메일의 개념과 역사

이메일이란 인터넷 또는 컴퓨터 통신망을 통하여 주고받는 우편방식을 말한다. 이메일을 즉시 전송할 수도 있고 확인도 가능하며, 여러 명에게 동시다발적으로 발송할 수 있는 서비스를 말한다.

이메일은 레이톰린슨이 개발한 것으로 1970년 10월게 개발되었다. 톰린슨은 3.5m 떨어진 곳에 있는 컴퓨터에 메시지를 보내는데 성공했는데. 이것이 바로 이메일의 시초라고 할 수 있다. 이메일 주소에 @(골뱅이)를 처음 사용한 사람도 톰린슨으로 @는 at을 뜻한다. 이후 @는 이메일 주소 체계의 표준이 되었으며, 컴퓨터 통신의 한 획을 그은 상징물로 자리 잡고 있다.

국내에서는 1997년 5월 7일 다음에서 한메일이라는 이메일 서비스를 시작하였다. 물론 한메일이 등장하기 전에도 이메일 서비스가 있었지만 그 서비스는 특정 단체나 기관에 소속되어 있거나 유료로 서비스를 이용해야 했다. 한메일의 등장으로 누구나 무료로 쓸 수 있는 이메일 서비스가 나오게 되었으며 한메일의 등장으로 이메일 1인 1아이디 시대가 열리게 되었다.

2) 이메일의 장점과 단점

이메일의 장점으로

1. 전화나 면대면에 비해 가장 신속하게 전달되는 메시지이다.
2. 무료로 제공된다.
3. 정보를 동시에 많은 사람과 공유할 수 있다.

이러한 긍정적인 장점이 있는데 반해 여러 가지 부정적인 면도 발생하는데 가장 큰 단점으로는

1. 2000년에 들어와서 스팸메일이 생겨나 메일이 공해수준으로 생겨났다.
2. 전송 버튼을 누르는 순간 상대방에게 내용이 전달되며 되돌릴 수 없다.
3. 보안이나 정보유출에 대한 가능성이 있다.

3) 메일(전자우편) 작성법

(1) 이메일 주소(mail address)

회사에서 사용하는 이메일 주소(mail address)은 개인 메일과는 다르게 업무용 메일은 자신의 공적인 얼굴이므로 이름을 사용하는 것이 좋다.

(예)

- gildong@ppss.kr
- hong@ppss.kr
- honggildong@ppss.kr

(2) 제목(title)

- 제목은 구체적이며 간결하게 작성하되 본문의 내용에 대한 간단한 제목과 이름을 함께 적어서 한눈에 알아볼 수 있도록 한다.
- 핵심 제목을 간략하게 작성하여 내용을 짐작하게 한다.
- 처음 보는 메일주소면 안 읽는 경우도 많으니 자신의 신분을 명확히 밝힌다.

(3) 본문(body)

- 장문의 메일을 삼가고 내용을 간략하게 핵심만 적는다.
- 올바른 철자와 문법을 사용해야 한다.
- 특수문자, 이모티콘을 자제한다.
- 첨부파일이 있을 경우 내용을 기재하여 알린다.
- 한 줄의 길이가 너무 길지 않게 적성한다.
- 여백을 두고 보내는 발신자의 소속과 이름을 밝힌다.

(4) 수신인(to)

이 메일을 읽고 '반드시' 뭔가를 해야 하거나 뭔가를 알아야 하는 사람'만' 수신인에 넣도록 한다. 수신인은 보통 많아야 2명, 정/부 담당자까지가 업무용 메일 수신인에 들어가야 할 사람이다.

(5) 참조(cc)

cc는 Carbon Copy, 즉 복사본이라는 뜻이다. 사본의 목적은 두 가지다. 이 이메일이 발송되었다는 확인과 메일 사본의 저장의 목적이다.

(6) 주의사항

- 보내는 사람의 소속과 이름을 명확히 밝힌다.
- 날마다 메일을 체크하고 중요하지 않은 메일은 즉시 삭제 한다.
- 자신의 ID나 비밀번호를 타인에게 절대 공개해서는 안 된다.
- 메일을 보내기 전에 주고가 맞는지 확인한다.
- 타인에게 피해를 주는 언어는 각별히 주의한다.
- 전자우편 한 줄도 나의 이미지 뿐 아니라 회사의 이미지를 대표하므로 반드시 문장의 내용, 맞춤법, 철자 등을 확인하고 보낸다.
- 이메일로 개인정보를 함부로 보내지 않도록한다.
- 비즈니스 상에서는 이모티콘을 사용하는 것은 가볍게 혹은 무례하게 비춰질 수 있으므로 사용하지 않는 것이 좋다.
- 첨부파일의 내용이 너무 크지 않도록 압축하여 보내도록 한다.
- 전자우편을 받았다면 가능한 즉시 답장하는 것이 좋다. 바로 답장을 보낼 수 없을 시 24시간 이내에는 보내도록 하고, 늦어서 죄송하다는 양해 문구를 넣도록 한다.
- 영문으로 보낼 때에는 제목이나 특히 강조하고 싶은 부분에는 대문자로 쓰는 것이 효과적이다.
- 수신과 참조는 받는 사람의 중요도에 따라 구분하나 가급적 함께 받을 사람을 넣지 않고 개별에게 서비스하듯 개개인에게 보내는 것이 좋다.

4) 이메일의 구성요소와 작성방법

구분		특징
제목		• 이메일 발송 목적을 한눈에 알아볼 수 있도록 간결하게 작성
도입부	호칭 인사 자기소개	• Dear 성/ Dear Dr. 성/ Dear Prof. 성/ Dear President 성 • 간단한 인사말과 자기소개(소속, 이름, 직위)로 간결하면서 명확하게 작성
본문	내용	• 이메일의 목적에 대해 밝히고 사실과 정보에 대해서는 핵심만 간결하게 작성
	요구사항	• 상대의 피드백이나 반응 또는 이메일을 읽고 나 이후에 어떤 조치를 취할지 행동 요구 • 회신 기일 명기
맺음말	마무리 멘트 감사 표현	• 부수적인 내용과 간단한 마무리 문장으로 끝 맺음 • 첨부파일 여부를 설명한다.
서명		• 이름, 직책, 회사명, 회사 홈페이지 주소, 우편 주소, 휴대폰 번호, 회사번호, 이메일 주소, SNS(페이스북 등) • 상황에 따라서 휴대폰 번호, SNS는 생략
첨부		• 정확한 첨부파일을 선택했는지 재확인 • 첨부 파일 제목을 첨부 파일의 내용을 간략하게 파악할 수 있도록 설정 예) 상반기 결산 보고서

06 넷티켓(Netiquette)

현대에선 인터넷이란 단순히 정보만 획득하는 곳이 아니라 다른 사람들과 교류하고 대인 관계를 하는 공간으로서의 활용하고 있다.

넷티켓은 네트워크(network)와 에티켓(etiquette)의 합성어로 인터넷이나 통신상에서 상대방에게 지켜야 할 예의를 말하다.

즉 네트워크를 사용하는 사용자(네티즌)들이 인터넷 네트워크상에서 지키고 갖추어야 하는 예의범절로 타인에게 불쾌감을 주지 않는다는 것이다. 요즘 인터넷 문화는 이러한 예절을 지키지 못해 여러 문제가 발생하고 있다. 비속어와 상대를 배려하지 못하는 인터넷 언어의 남용, 그리고 타인의 정보를 유출하거나 시스템 파괴 및 불법복제 등의 비윤리적 행동이 여기에 해당한다. 이는 인터넷 발전 수준에 못미치는 이용자들의 미흡한 의식 수준이며 국가의 경쟁력에도 악영향을 미치게 된다.

보이지 않는 인터넷 공간에서 서로간의 원활한 소통을 위해 넷티켓의 중요성에 대해 인식하고 각 나라마다 이에 대한 기준 마련이 시급한 실정이다.

한국에서는 2000년 6월 15일 정보통신윤리위원회에서 '네티즌 윤리강령'을 선포하였고, 일부 중고교에서는 넷티켓에 대한 교육이 실시되고 있다.

1994년 미국 플로리다대학교의 버지니아 셰어교수가 제시한 '넷티켓의 핵심원칙(The core rules of netiquette)'이 세계적으로 유명하다.

그 원칙은 다음과 같다.

- 인간임을 기억하라.
- 실제 생활에서 적용된 것처럼 똑같은 기준과 행동을 고수하라.
- 현재 자신이 어떤 곳에 접속해 있는지 알고, 그 곳 문화에 어울리게 행동하라.
- 다른 사람의 시간을 존중하라.
- 온라인에서도 교양 있는 사람으로 보이도록 하라.
- 전문적인 지식을 공유하라.
- 논쟁은 절제된 감정 아래 행하라.
- 다른 사람의 사생활을 존중하라.
- 당신의 권력을 남용하지 마라.
- 다른 사람의 실수를 용서하라.

핵심원칙의 기본내용을 살펴보면,

1. 게시판의 글은 명확하고 간결하게 문법에 맞는 표현과 한글맞춤법에 맞춰 사용한다.
2. 남의 글에 대해 지나친 반박은 삼간다.
3. 채팅할 때에는 자기 자신을 먼저 소개한 뒤 대화에 임하고, 모두 '님'자라는 호칭을 사용한다.
4. 다른 사람을 비방하거나 욕설 또는 빈정대는 말은 하지 않도록 한다.
5. 내용의 말을 한꺼번에 계속 반복하는 것은 예절에 어긋난다.
6. 채팅에서 나올 때는 반드시 인사를 한다.
7. 그 외 성희롱이나 스토킹, 비어 사용 등을 하지 않아야 한다.

학습 및 토론과제

1. 비즈니스 상에서 전화응대가 중요한 이유에 대해 설명해보자.

2. 자신만의 전화의 첫 인사, 끝 인사를 발표해보자.

3. 친절한 전화응대와 그렇지 못했던 전화응대의 사례가 있으면 발표해보자.

4. 전화응대 시 피해야 할 태도에 대해 설명해보자.

5. 상황 별 전화응대 실습을 해보자.

   - 상대방이 전화 통화 음질이 좋지 않은 경우
   - 담당자가 다른 사람과 통화 중인 경우, 고객은 전화 연결이 어렵다는 이유로 당장 답변을 주기를 기다리는 경우
   - 고객이 사투리가 너무 심해서 알아듣기 힘든 경우

6. 비즈니스 상에서 또한 일상생활에서 넷티켓이 없다면 어떻게 될지 생각해보자.

MEMO

Chapter 10

호텔/항공기 이용 매너

❶ 호텔 이용 매너

❷ TIP 매너

❸ 테이블 매너

❹ 출입국 준비 및 절차

❺ 출입국 절차와 에티켓

❻ 기내 매너

학습목표

- 호텔 이용에 대한 매너와 에티켓을 학습한다.
- TIP 매너의 유래와 각 나라별 TIP문화를 학습한다.
- 테이블 매너에 대해 학습한다.
- 항공기 이용에 대한 매너와 에티켓을 학습한다.
- 출입국 매너와 에티켓에 대해 학습한다.
- 기내 객실 매너에 대해 학습한다.
- 기내 식사예절을 학습한다.

사전점검

1. 호텔과 병원은 같은 어원에서 유래한다. | YES | NO |
2. 호텔 비품은 가져가지 않는 것이 올바른 매너이다. | YES | NO |
3. 캐나다는 6개월 비자 면제 국가이다. | YES | NO |
4. 2014년 기준 해외여행자 면세 한도는 1인당 400달러이다. | YES | NO |
5. 기내 안 화장실 이용 시 서로간의 에티켓을 위해 반드시 문을 두드린다. | YES | NO |
6. 착륙 후 비행기가 완전히 멈출 때까지 자리에 앉아서 기다리는 것이 에티켓이다. | YES | NO |

01 호텔 이용 매너

호텔직무와 시설이용을 통해 업무역할을 학습하면 호텔 이용 시 더 다양한 경험과 편리한 여행을 하는데 도움이 될 수 있다. 특히 호텔 매너는 비즈니스 매너에서 빠질 수 없는 중요한 부분임으로 호텔에서 필요한 매너를 잘 습득하여 품위 있게 즐겨보도록 하자.

1) 호텔시설 이용 매너

호텔(HOTEL)의 어원은 '나그네, 손님, 여행자'를 의미하는 호스페스(Hospes)에서 그 유래를 찾아볼 수 있다. '호스페스(Hospes)'라는 단어는 '손님'을 의미함과 동시에 이들을 접대하는 '주인'을 지칭하기도 한다. 즉 손님과 주인이 동시에 존재할 때에 비로소 제 의미를 갖는다는 뜻을 가지고 있다.

호스페스(Hospes)에서 파생된 '융숭한 대접'의 뜻을 가진 '호스피탈리스(hospitalis)'의 변형어인 '호스피탈레(Hospitale)'는 과거 수도원을 중심으로 시작된 중세의 숙박시설로, 두 가지 기능을 하였는데, 그 기능을 살펴보자.

먼저, 부상자나 병자 등을 숙박시키고 간호하는 치료시설의 기능과 여행객들이 편안히 쉴 수 있도록 숙식을 제공하는 휴식시설의 기능, 이 두 가지 기능을 하였는데, 그 이후 병원을 의미하는 '호스피탈(Hospital)'과 대저택, 숙소 등을 의미하는 '호스텔(Hostel)'로 각각 구분하여 사용되었다. 전자는 오늘날의 병원(Hospital)으로 발전되었고, 후자는 '호텔(Hotel)'용어로 변천되어 현재 호텔의 의미로 진화되었다. 호텔과 같은 서비스산업을

'Hospitality industry'란 표현도 이러한 맥락에서 비롯된다고 할 수 있다.

즉 Hospitality란 일반적인 서비스 차원을 초월해 손님에게 최고의 예우로 가정과 같은 서비스를 제공한다는 의미를 내포하고 있다. 따라서 호텔은 각종 편의 시설과 서비스를 갖추고 고객을 맞이하고 있으며 호텔을 잘 이용하는 사람은 그만큼 편리하고 편안하게 여행을 즐길 수 있다. 이런 의미에서 호텔을 잘 이용하는 방법과 호텔에서 지켜야 할 매너들을 살펴보자.

(1) 호텔입구 매너

① 호텔예약 확인 및 체크인·체크아웃

- 호텔예약은 대행사를 통한 경우와 직접 인터넷을 이용하여 예약하는 경우가 있다. 다만, 예약을 취소할 경우 늦어도 48시간 전에는 사전통보를 해야 위약금을 받을 수 있는데 예약 시 호텔 내 환불규정을 확인하도록 한다.

- 체크인은 정오에서 오후 2시 사이에 이루어지는 것이 일반적인데, 오후 6시를 기점으로 연락이 닿지 않으면 취소될 수 있으므로 늦어지게 될 경우 사전에 연락을 취하도록 하자. 체크인을 하게 되면 개인 신용카드를 등록하고 객실키 및 조식쿠폰(패키지에 따라 상이함)을 받게 된다.

호텔에 따라 호텔체크인 시 보증금(deposit)을 미리 내는 경우가 있으며. 현지 화폐나 신용카드 오픈을 하는 경우도 있다. 체크아웃 시 호텔이용요금을 제외한 후 모두 돌려받을 수 있기 때문에 deposit을 원하는 경우를 대비하여 현금이나 신용카드를 반드시 준비한다.

- 체크인이 완료되면, 벨 어텐던트(Bell attendant)의 도움을 받아 짐 운반과 객실 안내를 받는다.

- 체크아웃의 경우는 오전 11시부터 정오를 기준으로 진행되므로 시간을 잘 지켜 할증수수료가 붙는 일이 없도록 한다. 최종 체크아웃은 객실키를 반납하고 객실에서 사용한 유료비품들의 확인절차가 모두 이루어지면 최종 체크아웃이 마무리된다.

❷ 객실 이용안내

- 객실배정을 받으면 객실 내 비품확인 및 청소상태를 확인하여 문제가 있을 경우 청소를 재요청하거나 객실변경을 요구할 수 있다.

- 객실이용 고객들을 위해 무료로 제공하는 각종 편의 물품을 어메니티(Amenity)라고 하는데, 어메니티는 숙박 요금에 일부 반영되기 때문에 호텔을 이용하는 고객 눈높이를 고려할 수 밖에 없다. 다만 제공되는 일부 소모품 이외에 객실 내 비치된 물건을 고의로 가지고 나가는 행위는 절대 있어서는 안 된다.

- 여권이나 현금 및 귀중품은 호텔 프론트나 객실에 비치된 개인용 금고(Safety Box)에 보관하는 것이 안전하다.

- 호텔 객실문은 자동 잠금 장치가 되어 있으므로 외출 시 반드시 객실키를 챙기도록 한다.

- 호텔 객실 내 비치되어 있는 미니바(Mini Bar)의 경우는 보통 생수 2병 정도를 어메니티로 제공하고 나머지 맥주, 탄산음료 등의 식음료를 유료로 제공하고 있으므로 유의하여 이용한다.

02 TIP 매너

TIP은 'To Insure Promptness'의 약자로 '신속함을 보장받기 위하여'라는 뜻을 내포하고 있으며, 이것의 머리글자를 따서 TIP이 되었다. 이처럼 팁의 개념은 신속한 서비스에 대한 대가라고 할 수 있는데, 즉 내가 받은 서비스에 대한 대가라 할 수 있다.

글로벌 매너에서 빠질 수 없는 것이 바로 'TIP'이다. 아직 우리나라에서는 팁 문화가 익숙하지 않을 뿐 아니라 팁 문화의 역사가 오래되지 않았으며, 호텔 등에서도 봉사료10%를 포함하여 계산을 하도록 하고 있다.

이러한 문화로 인해 일부 국가에서는 '팁에 인색한 무례한 민족'이라 여기기도 한다. 중요한 것은 문화에 따라 팁이 단순한 호의의 표현 수단을 넘어 당연히 지불해야 마땅한 비용이 되기도 하기에 그 나라의 팁 문화를 학습하고 이해할 필요가 있다.

예로, 미국의 경우는 TIP이 마땅히 지불해야 할 소비자의 의무이자 서비스 제공자가 받아야 할 권리로 에티켓을 넘어 하나의 규정으로 자리매김하였다.

팁 문화는 국가별 지역별로 다소 차이가 있으나 대개는 레스토랑에서 음식값의 10~15% 정도를 팁으로 지불한다.

1) 호텔에서의 TIP 매너

- 호텔 등에서 특별한 서비스를 받았다면 최소한 $5
- 클로크룸(Cloak Room)에 코트를 보관한다던 코트당 $1
- 우산이나 개인서류가방을 맡겼을 시 $1
- 발렛파킹의 경우 $1~2
- 호텔 도어맨이 짐을 내리거나 싣는 것을 도와줬을 경우 $1
- 호텔 룸메이드에게 매일 아침 베게 위에 $1~2
- 룸서비스를 받는 경우 음식값의 10~15%
- 택시운전자에게 요금의 15%

2) 국가별 TIP문화

출처 : http://blog.naver.com/thmake01?Redirect=Log&logNo=220467267330

03 테이블 매너

1) 식사 전

- 테이블 매너의 시작은 레스토랑 들어가기 전부터 식사를 마치고 나오는 과정 모두를 포함한다. 따라서 예약 및 확인은 필수이며, 특히 손님을 초대하였을 경우는 최소 일주일전에 예약하도록 하여 식사당일 1~2일전에 다시 예약 재확인을 하도록 한다. 예약시간에 늦지 않도록 준비하며, 식사성격에 따른 Dress Code를 잘 파악하여 준비하는 것 또한 테이블 매너에 해당됨으로 첫 시작을 잘 하도록 하자.

- 식사장소에 도착하면 사전에 화장실을 다녀오도록 한다. 특히 식사도중 자리를 비우거나 주빈을 혼자 남겨두는 등의 행동은 매너에 어긋남으로 주의를 기울이고, 식사하는 동안에는 핸드폰은 진동이나 무음으로 바꾸어 방해받지 않도록 한다.

- 앉을 자리를 지정할 때에는 기본적으로 입구에서 멀고 전망이 좋은 자리를 주빈에게 권하도록 하며, 통로나 입구를 등지는 자리는 말석이니 참고하도록 하자. 원탁형의 경우는 주최자의 오른쪽이 상석이므로 주의한다.

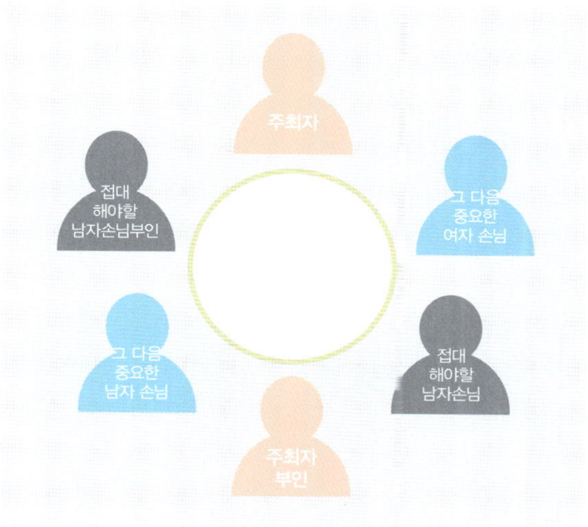

〈 원탁형 테이블 상석 예시 〉

- 의자에 착석할 때에는 테이블과의 거리를 주먹 두 개정도 들어갈 여유를 두고 앉도록 하며, 여성의 경우 핸드백을 의자와 등 뒤 사이에 놓도록 한다. 남성의 경우 가방을 의자와 의자사이에 두고 외투는 *클로크룸(Cloak Room)에 맡긴다.

- 식사가 시작되면 테이블 위 냅킨은 무릎 위에 두도록 하며, 이때 냅킨은 펴지 않은 상태로 무릎 위로 가져온 다음 편다. 또한 잠시 자리를 비울 때에는 냅킨을 반으로 접어 의자 위에 두면 아직 식사중이라는 의미를 전달할 수 있으며, 식사가 완료되었을 경우 테이블 위에 올려두면 식사가 끝났다는 것을 알릴 수 있다.
- 식전에 나오는 빵은 칼을 대지 않고 손으로 뜯어서 먹는데 입맛 정돈을 위해 제공됨으로 수프 등에 찍어먹는 행동은 하지 않는다. 이때 식전빵과 물잔은 앉은자리 기준으로 빵은 왼쪽, 물잔은 오른쪽에 있는 것이 자신의 것이다.

---

*Cloak Room
호텔에서 옷이나 개인 소지품 등을 맡기는 임시물품보관소.

- 기본적으로 식기들은 가장 바깥에서부터 안쪽으로 사용하는 것이 일반적이고, 포크와 나이프를 사용할 때에는 나이프는 오른손, 포크는 왼손에 잡는다. 고기를 자를 때에는 포크와 나이프가 서로 직각이 되도록 하며 팔꿈치 전체가 아닌 손목만 움직여 자르도록 한다.

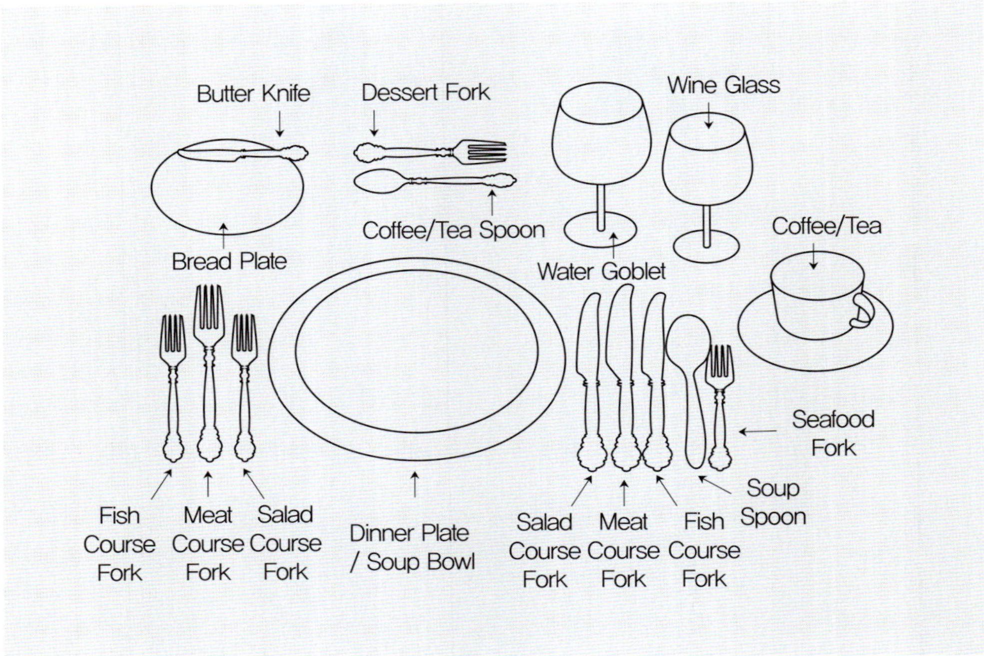

- 식사시작과 식사중임으로 알리는 모양은 시계방향 8시 20분 방향으로 놓으며, 식사의 끝은 4시 20분 방향으로 가지런히 접시 위에 놓도록 한다.

식사 중 | 잠시 자리를 비울 때 | 식사를 마친 후

출처 : 중앙일보

04 출입국 준비 및 절차

1) 출국준비

(1) 여행 구비서류

❶ 여권

여권은 대한민국 정부가 발급하는 국제신분증이자 자신의 신분을 증명해주는 매우 중요한 서류이다. 해외출장이나 여행 등 다양한 목적으로 대한민국을 떠날 사람이라면 누구나 발급받아야 하며, 여권발급을 통해 국외 목적지 해당국가로부터 보호를 받을 수 있다.

여권은 크게 일반여권, 거주여권, 관용여권, 외교관여권, 여행증명서로 나뉘는데 좀 더 구체적인 여권의 종류에 대해 알아보도록 하자.

- 일반여권 : 대한민국 국적을 보유한 모든 국민이 발급받을 수 있는 여권.
- 거주여권 : 외교부장관에게 해외이주신고를 한 해외이주자의 거주목적의 여권.
- 관용여권 : 관용여권은 여행목적과 신분에 따라 외무부장관이 발급에 필요하다고 판단되는 자에게 발급하는 여권.
- 외교관여권 : 외교업무 및 국제통상을 목적으로 국외를 여행하는 공무원을 위해 발급되는 여권으로 외교관 외, 배우자, 자녀 등 기타 기능직 공무원을 제외한 재외 공관에 근무하는 현역 군인에게도 발급되는 여권.
- 여행증명서 : 여행증명서는 출국하는 무국적자나 여권 분실 등의 긴급하거나 부득이한 경우 외교통상부장관이 여권을 대신하여 발급하는 증명서.

(2) 여권신청

❶ 여권발급신청서는 각 시, 군, 구청에 구비되어 있으니 작성하여 발급받는다.

❷ 여권발급 구비서류

- 여권발급신청서
- 여권용 사진1매(6개월 이내에 촬영한 사진, 단, 전자여권이 아닌 경우 2매)
- 신분증
- 병역관계서류(18세~37세 남성 : 주민등록 초본 또는 병역증명서)
- 만 18세 미만의 미성년자는 추가적으로 부모님이나 법정대리인의 여권발급 동의서와 인감증명 등이 필요함.

❸ 전자여권 (ePassport, electronic passport)

비접촉식 IC칩을 내장하여 바이오인식정보(Biometric data)와 신원정보를 저장한 여권이다. 기존여권과 마찬가지로 종이재질의 책자형태로 제작되며, 다른점은 앞표지에 국제민간항공기구(ICAO)의 표준을 준수하는 전자여권임을 나타내는 로고가 삽입되어 있고, 뒤표지에는 칩과 안테나가 내장되어 있다.

〈 전자여권 앞표지 〉

〈 전자여권 뒤표지 〉

출처 : 부산광역시 남구청

(3) 비자

① 여행하고자 하는 국가로 입국할 때 해당국가로부터 개인의 입국을 허가하는 증명서로 입국사증이라고도 한다.

1회에 한하여 입국가능한 단수사증과 2회 이상 입국할 수 있는 복수사증으로 구별되며, 체류자격 및 기간을 명시하여 발급된다.

② 체류기간에 따른 국가 및 지역별 비자면제 국가를 알아보자.

아시아 비자 면제 국가

최대 체류기간	국가
15일	베트남(2020.02.29.부터 잠정중단–코로나)
30일	라오스,인도네시아, 필리핀, 미얀마(~2020.09.30.일까지 한시적)
90일	대만, 태국, 말레이시아, 싱가포르, 마카오, 일본, 홍콩

미주지역 비자 면제 국가

최대체류기간		국가
30일		파라과이
90일	ㄱ	가이아나, 과테말라, 그레나다
	ㄴ	니카라과
	ㄷ	도미니카(공), 도미니카(연)
	ㅁ	멕시코, 미국
	ㅂ	바베이도스, 바하마, 베네수엘라, 벨리즈, 브라질
	ㅅ	세인트루시아, 세인트빈센트그레나딘, 세인트키츠네비스, 수리남
	ㅇ	아리헨티나, 아이티, 인타구아바부다, 에콰도르, 엘살바도르, 온두라스, 우루과이
	ㅈ	자메이카
	ㅊ	칠레
	ㅋ	코스타리카, 콜롬비아
	ㅌ	트리니다드토바고
	ㅍ	파나마, 파라과이, 페루
6개월		캐나다

유럽지역(쉥겐가입국 26개) 비자 면제 국가

최대체류기간		국가
90일	ㄱ	그리스
	ㄴ	네델란드, 노르웨이
	ㄷ	덴마크, 독일
	ㄹ	라트비아, 룩셈부르크, 리투아니아, 리히텐슈타인
	ㅁ	몰타
	ㅂ	벨기에
	ㅅ	스웨덴, 스위스, 슬로바키아, 슬로베니아
	ㅇ	아이슬란드, 에스토니아, 오스트리아, 이탈리아
	ㅊ	체코
	ㅍ	포르투갈(180일 중 90일), 폴란드, 프랑스, 핀란드
	ㅎ	헝가리

유럽지역(비쉥겐가입국 26개) 비자 면제 국가

최대 체류기간	국가
30일	벨라루스, 우즈베키스탄, 카자흐스탄(1회 최대 30일, 180일 중 60일)
60일	키르기즈 공화국, 러시아(1회 최대 연속 체류60일, 180일 중 누적 90일)
180일 중 90일	루마니아, 북 마케도니아, 몰도바, 불가리아, 터키
90일	모나코, 몬테네그로, 사이프러스, 산마리노, 세르비아,아일랜드, 안도라, 알바니아, 우크라이나, 코소보, 크로아티아
180일	아르메니아
6개월	영국
30일	조지아

대양주(14개 국가 및 지역)비자 면제 국가

최대 체류기간	국가
30일	마셜제도, 마이크로네시아, 바누아투, 키리바시, 통가, 투발루, 팔라우
45일	솔로몬제도
45일/VWP90일	괌, 북마리아나 제도(사이판),
60일	사모아

최대 체류기간	국가
90일	뉴질랜드, 호주
4개월	피지
6개월	캐나다

아프리카·중동지역(27개국) 비자 면제 국가

최대 체류기간	국가
15일	상투메프란시페
30일	남아프리카공화국, 쉐이쉘, 오만, 카타르
60일	레소토, 에스와티니(스와질랜드)
90일	모로코, 모리셔스, 보츠와나, 아랍에미리트, 이스라엘, 튀니지(협정에는 30일)

출처 : 외교부 2020.1월 기준(국내 코로나19 확산에 따라 일부 국가에서 우리나라에서 출발하는 여행객에 대해 입국제한 및 금지조치를 시행 중이므로 변경될 수 있음).

(4) 여행보험

1. 여행도중 생긴 사고로 인한 신체 및 재물손해를 당할 경우
2. 소유한 휴대폰에 손해를 입은 경우(분실 제외)
3. 우연한 사고로 인한 긴급수색구조 등이 필요한 경우
4. 현지 의료지원 서비스 등.

(5) 여행 시 필요한 현금준비

1. 현금

여행 시 여행 대상국가의 현금을 환전하여 가지고 다니면 편리성에서 가장 좋지만, 환전을 급하게 해야 할 경우 금융기관사정에 따라 환전이 불가한 경우가 발생할 수 있다. 또한 분실이나 도난의 위험이 있으므로 주의해야 한다.

환전 시에는 화폐단위별로 다양하게 환전하면 편리하다.

❷ 신용카드

해외에서 사용가능한 신용카드는 비자, 아멕스, 마스터, 다이너스카드 등이 있으며, 해외 구매시점과 청구시점 환율차이에 따른 차이가 발생할 수 있다.

❸ 여행자수표 (Traveler's check)

여행자수표는 여행하는 동안 도난·분실·사고 등의 위험을 방지하기 위해 고안된 것으로 은행에서 구입이 가능하다. 분실이나 도난 등의 사고가 발생할 시 재발급이 가능하지만 여행자수표 발행 시 사인을 한 경우에만 재발급이 되니 유의하자.

따라서 여행자수표는 구입 즉시 하단부의 서명란에 사인을 해두고 나머지 서명란은 현지 여행국가에서 사용하거나 환전 시 상대방이 보는 앞에서 서명하게 된다.

05 출입국 절차와 에티켓

항공권 예매가 완료되면 이제 출입국하기 위해 공항으로 가게 되는데, 이때 국내선의 경우는 항공기 출발 30~40분 전에 공항에 도착하도록 하며, 국제선의 경우는 출발 2시간 전에 공항에 도착하여 출입국 준비를 마치도록 한다. 구체적인 출입국 절차와 에티켓에 대해 알아보도록 하자.

1) 출국 절차

(1) 출입국 신고서 작성

- 출발 전 먼저 여권과 항공권 확인 후 공항에 도착한다.
- 도착 후 탑승 항공사와 수속카운터를 확인 후 출입국 신고서를 작성한다.
- 체크인(Check-in) 카운터에 비치된 신고서를 작성하여 출국 시 제출한다.

(2) 항공사 탑승수속 및 수하물 탁송

- 지정된 해당 항공사 카운터를 찾아 여권과 항공권을 함께 제시한다.
- 출국 게이트(Gate)와 기내좌석번호가 적힌 보딩패스(Boarding Pass)를 건네받으면 탑승수속을 마친다.
- 좌석배정은 승객상황에 따라 장애인, 거동불편승객, 노약자, 영유아 등 특별서비

스로 편의를 지원하기도 하는데, 최근에는 '사전좌석지정제'를 운영하여 90일 전부터 승객이 구매한 등급의 전 좌석을 미리 선택할 수 있다. 다만 별도의 좌석이 없는 영유아를 위해 '요람제공 서비스'를 이용할 수 있는데, 일명 '베시넷(Bassinet)'이라 불리는 이 서비스의 경우는 비행기 앞좌석과 비상구 좌석에 설치해야 하는 이유로 당일 카운터에서 배정하고 있으며, 국제선 이용 시 각 항공사 홈페이지 등을 통해 이용할 수 있다.

베시넷 서비스

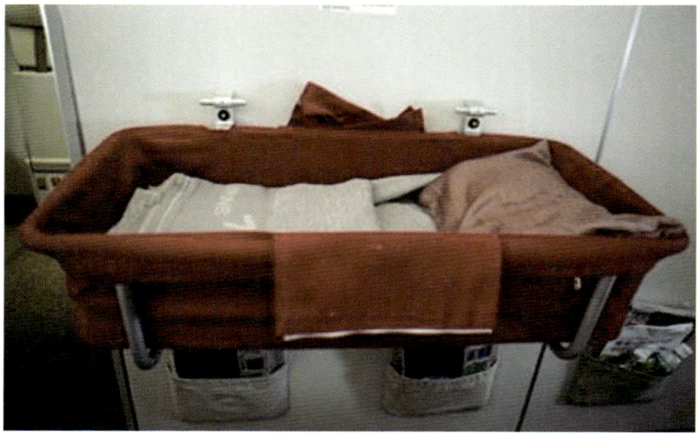

출처 : http://blog.naver.com/seal1963/30176598124

- 짐 태그(Baggage Tag)는 수하물이 분실되었을 때 찾을 수 있는 유일한 수단이므로 잘 보관한다.

(3) 세관신고

- 미화 1달러 이상, 고가 외제 물품을 휴대하는 경우 여행자 휴대물품 반출 신고서에 품목, 수량, 가격을 기재하고 반출신고를 해야 한다.

(4) 출국장 입장

- 출국장으로 입장 후 검색요원 안내에 따라 대기선에서 순서를 기다리고, 휴대물품은 X-ray검색 장비 컨베이어 벨트 위 바구니에 개인소지품을 놓고 문형금속 탐지기를 통과한다.

(5) 출국심사

- 출국 심사대에서 여권, 출입국 신고서, 탑승원을 제시하면 신원조회 후 출국신고서를 떼어낸 뒤 입국신고서를 돌려준다. 입국신고서는 여권과 함께 잘 보관한 뒤 입국 시 다시 제출하면 된다. 심사시에는 모자 및 선글라스 등 얼굴을 가리는 장신구는 제외한 뒤 받도록 한다.

2) 입국 절차

(1) 검역설문표 작성

- 기내에서 검역질문서, 입국질문서, 여행자 휴대품신고서를 작성한다.

(2) 입국심사

- 기내에서 입국신고서를 작성 못했을 경우, 심사장에 비치된 신고서에 작성하도록 하며, 통과 후 전면에 설치된 수하물 도착안내 전광판을 통해 수하물 수취대 번호 확인 후 이동한다.

(3) 세관신고

- 세관 신고물품이 있는 경우, 수화물을 찾고 난 뒤 세관 심사대로 가서 착륙 전 미리 작성한 여행자 휴대품 신고서를 제출한다. 만약 기내에서 작성 못했을 경우

세관검사 직전에 작성하여 신고하지 않은 초과물품에 대해 처벌 받지 않도록 유의한다.

2014년 기준 해외여행자 면세 한도가 1인당 400달러에서 600달로 상향조정되었다. 이 면세 한도를 초과한 물품을 신고하지 않고 적발될 경우 가산세를 내게 되는데 그 가산세 역시 납부세약의 30%에서 40%로 상향됐다. 또 2년 내 2회 이상 반복적으로 적발되면 납수 세액의 60%까지 가산세를 중과하니 반드시 초과물품에 관한 신고서를 작성하도록 하자.

06 기내 매너

최근 한국관광공사에 따르면, 우리나라 내국인 출국자 수는 1,607만명으로, 국민의 3명 중 1명이 해외 여가여행 및 비즈니스 여행을 하고 있다는 것을 알 수 있다. 여행을 떠나기 위해 운송수단으로 비행기를 대다수 이용하지만, 실제로 객실 내 매너를 지키지 못하고 눈쌀 찌푸려지는 행동을 하는 일도 빈번히 발생하고 있는 현실이다. 한 사람의 잘못된 매너는 개인의 문제를 넘어서서 '한국'의 이미지에 부정적 인상을 남길 수 있는 일이므로 앞서 배운 에티켓과 매너의 뜻을 잘 새겨 세련된 객실 매너로 즐거운 여행을 시작하여 보자.

1) 기내 객실 매너

(1) 객실은 요금에 따라 퍼스트 클래스(First Class), 비즈니스 클래스(Business Class), 이코노미 클래스(Economy Class)로 나뉜다. 객실분류는 좌석 넓이 등 물리적 차이도 크지만 제공되는 서비스의 질(Quality)적인 면에서 큰 차이를 이룬다. 따라서 이코노미 클래스를 이용하면서 비즈니스 클래스 및 퍼스트클래스에서 제공되는 서비스를 요구하는 등의 행동은 반드시 삼가도록 한다.

(2) 기내에서 승무원의 도움이 필요할 경우, 좌석 팔걸이에 있는 서비스 버튼(Call)을 눌러 승무원에게 도움을 요청하는 것이 옳다. 간혹 통로를 지나가는 승무원의 옷을 잡아당긴다던지, 신체를 접촉하여 불미스러운 일을 만든다던지, 큰 소리로 승무원을 불러 다른 승객

들에게 불편함을 주는 일은 없어야겠다.

(3) 이코노미석의 경우, 기내 안은 특별히 더 좁은 공간임으로 자신의 작은 행동들이 앞, 뒤좌석 승객들에게 큰 영향을 끼칠 수밖에 없다. 따라서 등받이를 젖힐 때와 다시 제자리 돌려놓을때는 상대에 대한 배려가 필요하며, 발로 앞좌석을 치는 행동은 절대 하지 않는다.

(4) 항공사에서 제공하는 기내용 담요 등은 항공사 자산임으로 반출이 금지되어 있다. 특히 국제선 비행기 안 객실 승객들은 하나의 작은 지구와 같음으로 한국을 대표하는 여행객으로서 이미지에 실추되는 행동은 자제하는 것이 좋다.

(5) 이·착륙 시에는 전자기기 사용이 불가했으나, 최근에는 항공사에 따라 '비행기모드'로 설정된 경우에는 기내에서 이·착륙시 전원을 끄지 않고 사용이 가능하기도 하다. 다만 이동통신망을 이용한 통화 및 문자, 데이터 통신의 사용은 제한되니 알아두자.

(6) 착륙 후 내리기전 안전벨트 사인(Seat Belt Sign)이 꺼진 뒤 완전히 정지한 후 이동한다. 따라서 비행기가 공항에 도착하기도 전에 짐을 챙긴다던지, 통로에 나와 대기하고 있는 행동은 매우 위험한 행동이며, 특히 안전벨트 사인이 꺼지기 전, 좌석 위 선반(Overhead bin)을 열고 짐을 내리면 무거운 가방이 다른 사람 머리 위에 떨어질 수 있기 때문에 반드시 유의한다.

사례

사람들이 싫어하는 21가지 기내승객유형

좁은 기내에서 많은 사람들과 비행하는 동안 서로간의 매너를 지키지 않게 되면 서로 얼굴을 붉히는 일이 빈번히 발생하게 된다. 야후 여행에서 5천명을 대상으로 '사람들이 싫어하는 21가지 기내승객유형'을 발표했다.

먼저, 기내에서 가장 싫어하는 사람으로 '냄새를 풍기는 사람'으로 조사되었고(59%), 앞좌석을 발로 차는 사람(54%), 아이를 방치하는 보호자(53%), 우는 아이(41%), 승무원을 함부로 대하는 사람(37%), 술에 취한 사람(36%) 등이 뒤를 이었다.

다음은 사람들이 싫어하는 21가지 기내승객유형이다. 함께 살펴보자.

1. 냄새 나는 승객
2. 앞 좌석 발로 차는 승객
3. 아이를 방치하는 승객

4. 우는 아이
5. 승무원에게 무례한 행동을 하는 승객
6. 술에 취한 승객

7. 좌석 등받이 마음껏 제끼는 승객
8. 내 팔걸이를 제것인양 점유하는 승객
9. 내 좌석을 침범하는 옆 승객

10. 착륙할 때 박수치는 승객
11. 윗옷 벗고 흥에 취한 승객
12. 자기 자리인양 앞 좌석 무단 점유하는 승객

13. 음악 너무 크게 듣는 승객
14. 상습적으로 불만이 많은 승객
15. 양말 벗는 승객

16. 냄새나는 음식을 먹는 승객
17. 통로에 짐 놓는 승객
18. 선반에 짐 3~4개씩 넣는 승객

19. 수다스런 승객
20. 비행 공포증이 있는 승객
21. 화장실에 너무 자주 가는 승객

출처 : Yahoo Travel

2) 기내식사 매너

여행의 꽃이라 불리는 기내식은 여행객들에게 비행기를 타는 즐거움 중에 하나이다. 보통 비행시간 6시간을 기준으로 그 이상이면 두 번, 미만이면 한 번, 2시간 이내 단거리 노선의 경우는 별도의 조리가 필요하지 않은 간단한 기내식이 제공된다.

최근에는 항공사들이 승객의 상황을 고려한 다양한 기내식을 개발하여 비행기를 이용하는 승객들의 각광을 받고 있다.

예로, 대한항공의 경우 심장질환자를 위한 저지방식, 소화기질환자를 위한 연식, 고혈압 환자를 위한 저염식 등의 특별식을 준비하여 제공하기도 하며, 영유아를 위한 맞춤 이유식 및 종교식 등 다양한 기내식을 선보이고 있다. 올바른 기내식사 매너 및 정보를 잘 인지하고 이용한다면 더 없이 좋은 식사시간이 되지 않을까?

(1) 식사서비스(Meal Service)가 시작되면 뒷좌석 승객을 위해 등받이를 반드시 원 위치로 올려놓는다.

(2) 통로쪽에 앉은 승객이 창 쪽 승객의 식사판을 받아 건네주는 것이 매너이다.

(3) 식사 시 양팔을 너무 벌려 옆 사람과 부딪치지 않도록 주의한다.

(4) 기내에서 마시는 알코올은 기압차로 인해 지상에서 보다 더 빨리 취하므로 유의한다.

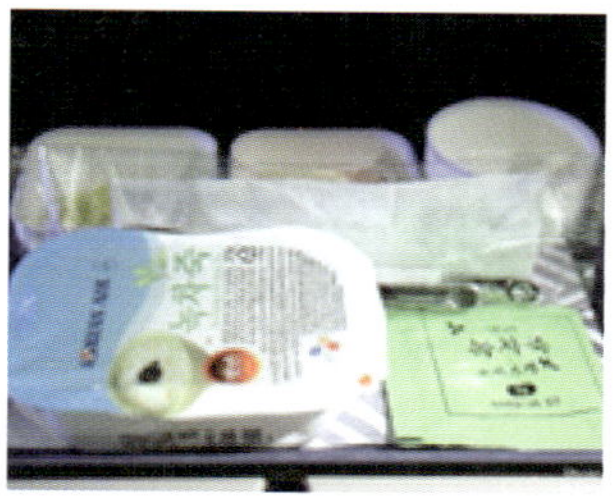

연식, 저지방음식

동양식 채식

과일식

3) 기내화장실 매너

(1) 기내화장실은 노크를 하지 않는 것이 매너이다. 따라서 화장실(Lavatory)을 사용할 때에는 사용 가능하다는 'Vacant' 표시와 사용 중이라는 'Occupied' 표시에 유의하여 이용한다.

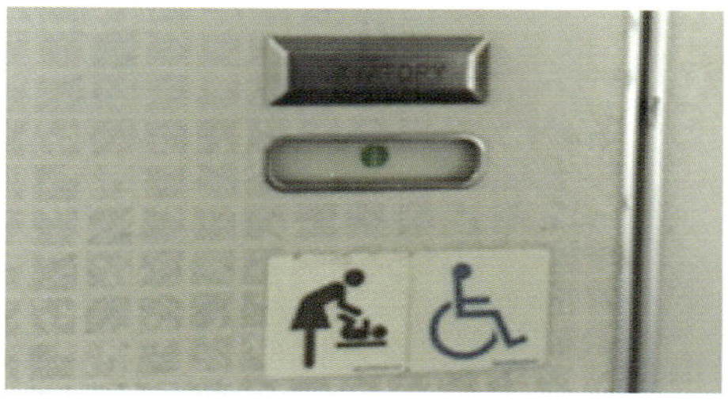

● 비어있음 / VACANT

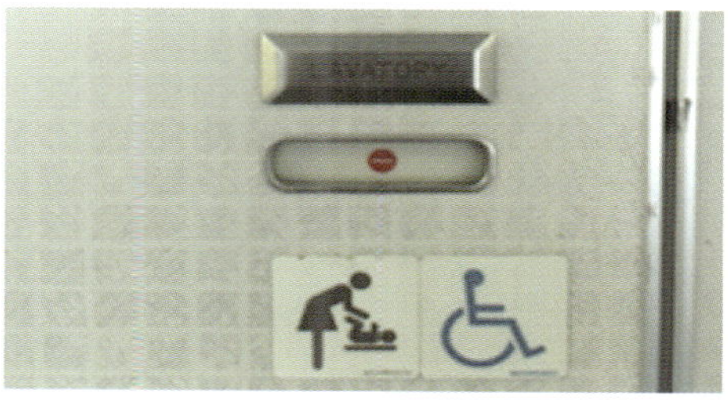

● 사용 중 / OCCUPIED

(2) 화장실 수가 기내객실 승객 수에 비해 제한적임으로 다음 사람을 위해 세면 등은 되도록 빠른 시간 내에 마무리 하고 세면대 물기와 사용한 수건은 깨끗이 정리하여 나오도록 한다.

(3) 기내는 흡연이 금지되어 있으므로 화장실에서는 더 주의를 기울인다.

비행기는 이륙하는 순간부터 공동 운명체이다. 이동시간이 길고 실내 공간도 좁기 때문에 사소한 행동도 다른 승객들에게 불편함을 주거나 위험한 일이 될 수도 있다. 특히 다국적 문화권 사람들과 함께 있는 공간이므로, 기내 매너를 잘 숙지하여 즐거운 여행의 시작과 끝을 마무리 하도록 한다.

학습 및 토론과제

1. 호텔에서 지켜야 할 매너는 어떤 것들이 있는지 알아보자.

2. 호텔 레스토랑에서 식사 시 주의해야 할 점 4가지 이상 알아보자.

3. 기내에서 승객으로서 지켜야 할 매너와 에티켓에 대해 알아보자.

4. 최근 비행기, 레스토랑, 호텔, 공연 등에 좌석을 예약한 사람이 별도의 취소통보 없이 나타나지 않는 '노쇼' 즉 '예약부도' 현상이 사회적·경제적 손실로 이어지자 노쇼 근절을 위해 수수료 부과를 시행하는 곳이 점차 늘고 있다. 하지만 고객의 예약부도는 잘못됐지만, 벌금에 대해서는 동의할 수 없다는 의견도 만만치 않다. 노쇼가 영업방해로 처벌받아야 마땅한 것인가, 아니면 사업 특성상 감수해야 할 리스크인지, 올바른 예약문화 정착을 위해 노쇼 벌금은 반드시 필요한지 관해 토론하여 보자.

Chapter 11

국제의전

1. 의전의 의미와 목적
2. 의전의 다섯가지 5R 기본정신
3. 상석배치의 실제
4. 안내예절

학습목표

- 국제의전의 의미와 목적에 대해 학습한다.
- 서열실제와 상석배치에 대해 학습한다.
- 안내예절에 대해 학습한다.

사전점검

❶ 의전의 기본정신 5R중 '문화의 반영'에서의 문화는 변화되지 않는 고유의 것이다. | YES | NO |

❷ 의전의 기본은 오른쪽이 상석이다. | YES | NO |

❸ 안내할 때에는 가까운 거리나 먼 거리는 팔꿈치 각도를 같게 하여 정중함을 더한다. | YES | NO |

❹ 자동차에서 운전자가 있는 경우 운전석 대각선 뒷자리가 최고 상석이다. | YES | NO |

❶ N ❷ Y ❸ N ❹ Y

01 의전의 의미와 목적

오늘날 교통과 정보통신기술 발달에 따라 사람과 사람사이, 문화와 문화사이, 국가와 국가사이의 교류가 활발해지면서 개인과 조직 그리고 국가 간의 관계에서 상호존중이 매우 중요시 되고 있는데, 이를 위해 우리 사회가 발전시켜온 제도가 바로 '예의범절'이다.

사람은 누구나 타인과의 상호교류를 통해서 사회생활을 하게 되며, 타인과의 관계유지 및 발전을 위해서는 반드시 상대에 대한 존중과 배려가 밑받침이 되어야 하는 예의범절이 필요하듯 국가 간의 갈등을 해소하고 관계를 조화롭게 만드는 역할을 하는 것이 바로 '의전'이라고 할 수 있다.

의전은 그 개념과 범위가 명확히 정립되어 있지 않지만, 그 유래에서 의미를 찾을 수 있다. 의전을 'Protocol' 또는 'Etiquette', 'Good Manners' 등으로 표현하는데, 'Protocol' 어원은 그리스어 'protokollen'이며, '맨 처음'을 의미하는 'proto'와 '붙인다'는 의미의 'kollen'의 합성어다. 즉 '최고접착제(First glue)'란 의미로써 현재는 '인간사회를 원활히 하기 위한 윤활유'란 의미로 사용되고 있다. 원래 공증문서에 효력을 부여하기 위해 문서 맨 앞장에 붙이는 용지를 이르는 말이었지만 이후, 외교관계에 대한 정부 공식문서 양식을 의미하는 것으로 변화되어 왔다. 따라서 의전이라는 단어는 국가 간 관계에서 가장 기본이 되는 형식, 즉 '첫번째로 지켜야 하는 것'이라는 의미를 담고 있다고 볼 수 있다.

하지만, 의전을 단순히 관례에 의한 형식적인 업무로만 보기보다 관행의 축적이자 국가 간에 반드시 지켜야 할 예의이며, 각국의 상황과 문화를 배려하여 기획되고 진행되어야 하기에 상대방(국가)에 대한 존중과 배려를 갖춘 자세가 반드시 수반되어야 함을 잊지 말아야 한다. 의전의 정의를 살펴보면 다음과 같다.

의전의 정의

구 분	정 의
Protocol	국가간의 관계 또는 국가가 관여되는 공식행사에서 지켜야 할 일련의 규범 일정한 틀을 갖춘 조직이나 단체에서부터 국가, 나아가 국가 간의 공식적 관계에 적용
Etiquette (에티켓) Good Manners (예의범절)	개인간의 관계에서 지켜야 할 일련의 규범 생활규범으로서 일상생활 속에서 개인간의 관계에 적용

출처 : 외교통상부(2008)

02 의전의 다섯 가지 5R 기본정신

1) 상대에 대한 존중(Respect)

의전의 바탕은 상대 문화 및 상대방에 대한 존중과 배려에 있다. 이는 전 세계 190여개 이상의 나라가 다양한 문화, 다양한 생활방식으로 살아가고 있으며, 전 세계에 공통적으로 적용되는 의전 관행도 있지만, 문화권 별로 독특한 관행 역시 있기 때문이다. 예로, 술을 마시지 않는 나라에서 온 손님에게 술을 대접하거나 이슬람 국가 손님에게 돼지고기로 만든 요리를 대접하는 것은 큰 결례이다.

이처럼 문화나 관습 등이 다르다는 것은 그 사회나 국가가 추구하거나 갖고 있는 가치가 서로 다르다는 것을 의미한다.

2) 상호주의 원칙(Reciprocity)

상호주의는 상호배려의 다른 측면이기도 하다. 내가 배려한 만큼 상대방으로부터 배려를 기대하는 것이다. 특히 국가 간 관계에 있어서 상호간의 어떤 대우를 받았는가는 그 국가의 위상 및 존엄과도 관련되므로 매우 중요하게 다루어진다. 의전 측면에서의 소홀함으로 느껴질 수 있는 사안들은 국가관계를 불편하게 하는 원인이 되기도 하는데 예로, 우리나라 대통령이 해외 방문 시 의전상 불편한 문제를 겪게 되었다는 가정하에, 이를 외교 경로를 통해 불만을 제기하거나 그에 상응한 조치를 검토할 수 있게 된다.

따라서 의전상 결례가 불가피했던 경우에는 사전, 사후에 충분한 설명을 통해 상대의 이해를 구하려는 노력이 필요하다.

3) 문화의 반영(Reflecting Culture)

의전은 그 시대적 배경에 따른 문화를 반영하기 때문에 시대적, 공간적 제약이 따른다. 따라서 의전의 형태나 형식이 절대적인 것인 아닌 시대상황에 따라 문화가 변하면 의전관행도 충분히 변화할 수 있다는 것을 염두해 두어야 한다. 그러므로 의전은 항상 '존중과 배려'가 기본바탕이 되어야 함을 잊어서는 안 된다.

의전이 문화의 반영인 또 다른 이유는 각 나라의 의전형태를 살펴보면 쉽게 알 수 있다. 예로, 중동지역 국가의 경우 국가의전 시 문화적으로 여성동반이 매우 드물지만, 서구문화의 경우는 여성에 대한 우대가 특별하다. 이처럼, 국가별로 다른 의전관행을 살펴보면 서로 다른 문화를 이해하고 상대국과의 친밀한 관계를 맺그 유지하는데 중요한 역할을 하고 있음을 알 수 있다.

오늘날처럼 다양한 문화가 공존하는 가운데 경쟁을 벌이고 있는 세계화 시대에 의전은 선택이 아닌 필수이며, 의전 형식에 대한 이해뿐 아니라 의전을 통해 나타난 상대 문화에 대한 이해는 세상을 보다 현명하게 살아나가기 위한 하나의 중요한 자산이 되고 있다.

4) 서열(Rank)

의전의 핵심을 한마디로 표현하자면 서열이다. 의전행사에 있어 가장 기본이 되는 것은 참석자들 간에 서열을 지키는 것이다. 서열을 지키지 않는 것은 해당 인사뿐 아니라 그 인사가 대표하는 국가나 조직에 대한 큰 실례가 될 수 있다. 주요 국제행사에 있어 국가 간에 서열을 정하는 것은 쉽지 않은데, 이는 국력의 크기나 인구 순으로 국가의 서열을 가릴 수는 없기 때문이다. 예로, 우리나라와 정치적·경제적으로 더 긴밀한 협력국가라 할지라도 의전상 우대를 할 경우, 자칫 다른 국가 대표들에게 결례를 범하는 행동으로 비춰질 수 있으므로 통상 의전서열을 정하는데 있어 국가명의 알파벳 순서를 사용하거나 주최국을 중심으로 오른쪽으로 순서를 정하기도 한다. 어떤 순서가 되었든지 설명할 수 있는 기준을 정하는 것이 중요하며, 가능한 모든 참석자들이 예우를 받고 있다는 느낌을 받을 수 있도록 좌석배치에 각별히 신경을 쓸 필요가 있다.

5) 오른쪽이 상석(Right)

의전의 기본은 오른쪽이 상석이라는 것이다. 문화적으로나 종교적으로 왼쪽을 불경하게 여겨온 전통이 오른쪽 상석의 원칙으로 발전되었다. 따라서 행사를 주최하는 쪽에서 방문하는 상대에게 상석인 오른쪽을 양보하는 것이 관례이다. 하지만 오른쪽 상석 양보에도 예외가 있는데, 바로 국기의 경우가 그렇다. 특히 우리나라를 비롯한 대부분의 국가에서는 국기에 대해서만은 상석을 타국가의 국기에 양보하지 않는 관행이 있다. 정상간의 자리를 양보하는 것은 사람간의 양보이지만, 국기의 경우는 영원성을 가진 상징물이기에 함부로 오른쪽을 양보하지 않기 때문이다. 하지만 러시아 등 일부국가에서는 방문국의 국기를 예우한다는 차원에서 오른쪽을 양보하는 관행을 가지고 있기도 한다.

또한, 의전에 있어 여성에 대한 배려는 오른쪽 상석양보가 불문율처럼 되어 있는데, 여성에 대한 배려는 의전에 있어 기본이기 때문이다.

의전의 5R

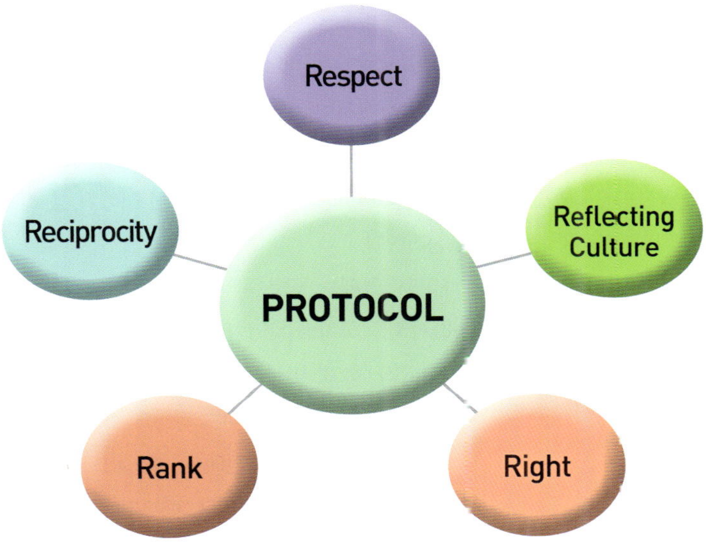

사례

〈사례 1〉

한국에 주재하는 각국 대사들이 외교통상부 청사에 모두 모였다. 과연 어느 나라 대사가 '상석'에 앉게 될까? 초강대국 미국대사일까, 아니면 이웃나라 중국이나 일본일까? 정답은 한국에 부임해 신임장을 받은 날짜가 가장 오래된 대사다. 한마디로 '짬밥순'이다.

〈사례 2〉

귀빈 접대엔 왜 '레드 카펫'이 등장할까? 유래를 살펴보면, 중세 유럽에서 모직 10kg을 붉게 염색하려면 '연지벌레'(케르메스)라는 곤충 14만 마리가 필요했다. 하지만 당시 이를 감당할 경제적 여력이 있는 왕족과 귀족만이 '빨간색'을 누릴 수 있었고, '레드 카펫'은 바로 이러한 '특권적 역사'에 그 뿌리를 두고 있다. 요컨대 붉은 카펫은 '최고의 환대'와 같은 뜻이다.

일반인에게 '국가의전'은 복잡하고 까다로운 격식일 수 있지만, 외교부 의전실 사람들은 "의전은 상식과 배려"라고 말한다. "관행의 축적이자 서로 편하기 위한 약속"이라는 것이다. 외교부 의전실 직원들이 의전의 안팎을 정리한 단행본 〈세계와의 소통, 국가 의전 이야기〉를 최근 펴냈다. 이들은 '의전의 다섯가지 원칙'을 5R'로 정리했다.

첫째는 '상대방에 대한 존중(Respect)'이다. 둘째는 '상호주의'(Reciprocity)다. 받은 만큼 해준다는 것이다. 예외는 있다. 손님을 융숭하게 대접하기로 유명한 중동의 나라에는 '상호주의가 동일하게 적용되지 않는다'는 양해를 미리 얻기도 하고, 빈국에는 더 베풀기도 한다. 셋째는 '문화의 반영'(Reflecting culture)이다. 무슬림에게 돼지고기 요리를 내놓지 않는 것이 그 예이다. 넷째는 '서열'(Rank). 〈사례 1〉이 이에 해당한다. 각국 대사들은 의전에 문제가 있으면 항의하고 때로는 퇴장도 불사한다. 다섯째는 '오른쪽(Right)이 상석'이라는 것이다. 대부분 정상회담 때 방문국 정상이나 자국 숙소를 찾아온 상대방 정상한테 오른쪽 자리를 내주는데, 그쪽이 상석이기 때문이다. 그러면서도 국기 위치는 상석인 오른쪽을 양보하지 않는 게 일반적이다. '정상은 바뀌어도 국기는 영원하다'는 의식의 반영이다.

이제훈 기자 nomad@hani.co.kr

출처 : 한겨레. 2009. 01. 06

03 상석배치의 실제

1) 상석의 기본적인 조건

상석은 일자리나 모임에서 윗자리, 즉 존경받는 자리를 뜻하며, 전통적으로 동서남북을 기준으로 하여 북쪽이 상석의 방향이다. 예로, 제사에 함에 있어 신위를 모시는 자리 나, 결혼예식에서의 주례자리도 북쪽에 위치한다.

의전의 기준 역시 기본이 오른쪽이 상석이다. 앞서 설명하였듯, 문화와 종교의 역사를 기반으로 왼쪽을 불결하게 여겨온 전통이 오른쪽을 상석으로 정립시켰으며, 이로 인해 행사를 주최하는 주빈은 가장 높은 귀빈에게 상석인 오른쪽을 양보하는 것이 예의가 되었다.

(1) 입구로부터 먼 자리

1. 입구로부터 멀고 출입문을 마주하고 있는 자리가 상석이며, 반대로 출입문에 가장 가까운 자리가 말석
2. 문을 열었을 때 들어오는 방문자의 얼굴이 바로 보여, 인사를 나누거나 환영을 할 수 있는 위치

(2) 전망이 좋은 자리

1. 깔끔하지 못하거나 지저분한 곳이 보이지 않는 자리
2. 바깥풍경이나 포인트 인테리어가 한눈에 들어오는 자리

(3) 안전한 자리(안정된 자리)

❶ 오래 앉아 있어도 편안한 자리

❷ 시끄럽거나 사람들의 출입이 잦은 곳은 안전과 직결

(4) 책장을 등진 자리

❶ 책장 안의 많은 물건이 나열되어 있을 경우 이야기 도중 시선이 분산될 수 있으므로 책장을 등지고 있는 자리

2) 상석의 사례

(1) 소파 좌석

소파 좌석의 경우 다양한 형태가 있지만, 원칙적으로 긴 의자가 고객용 의자, 즉 상석이다.

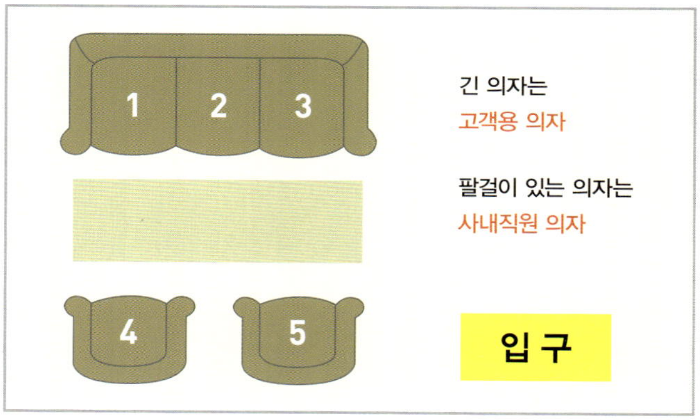

(2) 자동차에서의 상석

자동차 탑승 매너에서 오류를 범하는 경우는 자동차 좌석에 대한 잘못된 인식이 원인이 되기도 한다. 과거에는 자동차에 꼭 조수가 동행했기 때문에 운전석 옆자리(Passenger seat)를 '조수석'이라고 하였지만, 최근에는 조수가 불필요하게 되면서 '조수석'은 사라지고

그 자리가 '상좌(上座)가 되었다. 상좌를 아직도 조수석이라 인식하고 있다면 올바른 탑승 예절을 지킬 수 없을 것이다. 그렇다면 상황에 따른 자동차에서의 상석을 알아보자.

❶ 운전자가 있는 경우

1번 : 운전석 대각선상에 놓인 뒷자리(Curve side back seat)가 최고 상석

2번 : 차석으로 운전석 바로 뒷자리

3번 : 운전석 바로 옆자리.

4번 : 뒷자리 중간자리가 말석자리.

❷ 직위가 가장 높은 사람이 직접 운전하는 경우

1번 : 운전석의 바로 옆자리(Seat of honor)가 상석.

2번 : 상좌의 바로 뒷자리가 차석.

3번 : 운전석 바로 뒷자리.

4번 : 뒷자리 중간자리가 말석.

〈 운전자가 있는 경우 〉

〈 손수운전의 경우 〉

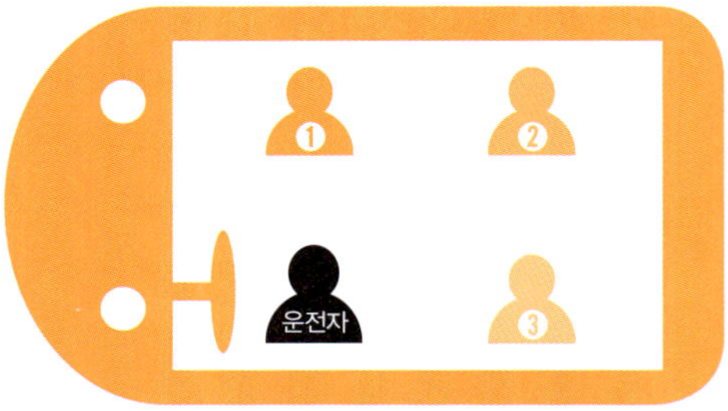

출처 : 〈정부의전편람, 2014〉, p.73, 행정자치부.

(3) 엘리베이터에서의 상석

1번 : 입구와 버튼에서 가장 먼 곳이 상석.

2번 : 최고상석의 오른쪽이 차석.

3번 : 이동이 없는 자리.

4번 : 층수를 누르거나 오픈 클로즈 버튼 조작을 하는 자리가 가장 말석.

엘리베이터에서 안내자가 있을 경우에는 고객이 먼저 타고 먼저 내린다.
안내자가 없는 경우에는 직원이 상사나 고객에게 가고자 하는 층을 먼저 미리 알린 후 양해를 구하고 먼저 탑승 후 직원은 버튼 앞에서 서서 고객과 상사가 탈 때까지 열림 버튼을 누르고 있도록 한다. 도착하면 상사와 고객이 먼저 내린 후 하차하도록 한다.

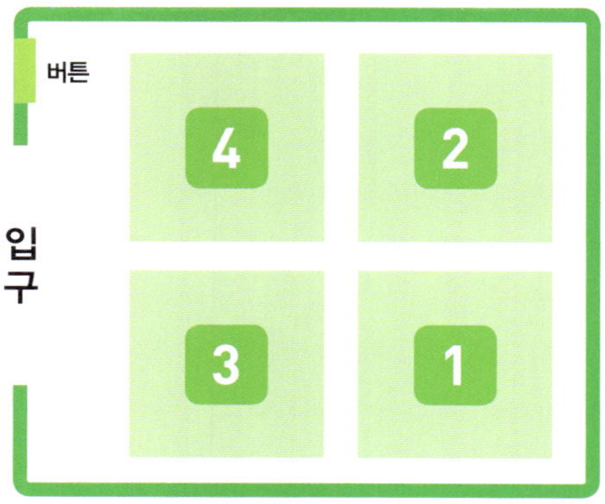

(4) 열차에서의 상석

1번 : 진행방향 창가쪽이 상석.

2번 : 상석옆자리가 차석.

3번 : 상석 맞은편 창가쪽이 3번째 상석

4번 : 통로쪽 3석 옆자리가 가장 말석.

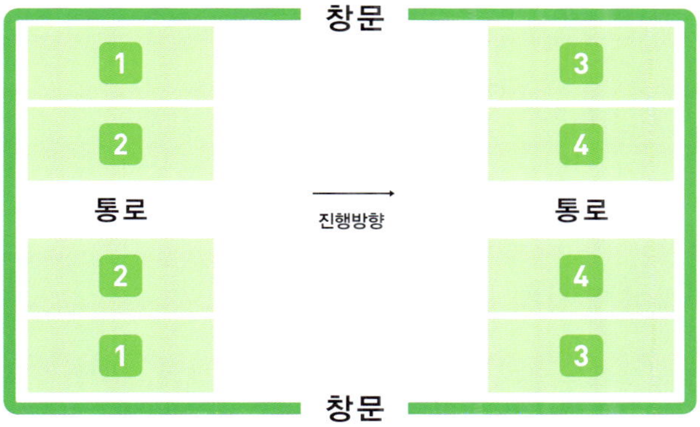

(5) 계단에서의 상석

1. 상사나 고객을 안내하기 위해 계단을 오르내릴 때에는 난간 쪽이 상석임으로 고객을 난간쪽으로 모시고 가도록 한다. 난간쪽이 안전성이 보장되어 있고, 코너에서 동선이 짧아짐으로 상석이 된다.
2. 계단이나 에스컬레이터의 경우 올라갈 때에는 상사나 고객보다 1~2 계단 뒤에서 따라 올라가며, 내려올 때는 상사나 고객보다 한 계단 먼저 내려오도록 한다.
3. 남성과 여성이 함께 계단을 오르내릴 때에는 배려차원에서 올라갈 때는 남성이 먼저, 내려갈 때는 여성이 먼저 내려가도록 한다.

(6) 레스토랑 테이블 상석

일반적으로 테이블 상석은 문이 바라보이는 안쪽 가운데자리가 가장 상석이다.

따라서 원형테이블의 경우, 주빈은 주인 오른쪽 자리에 배치가 되고 주인과 주빈 양 옆으로 중요한 사람들이 차례로 앉게 된다.

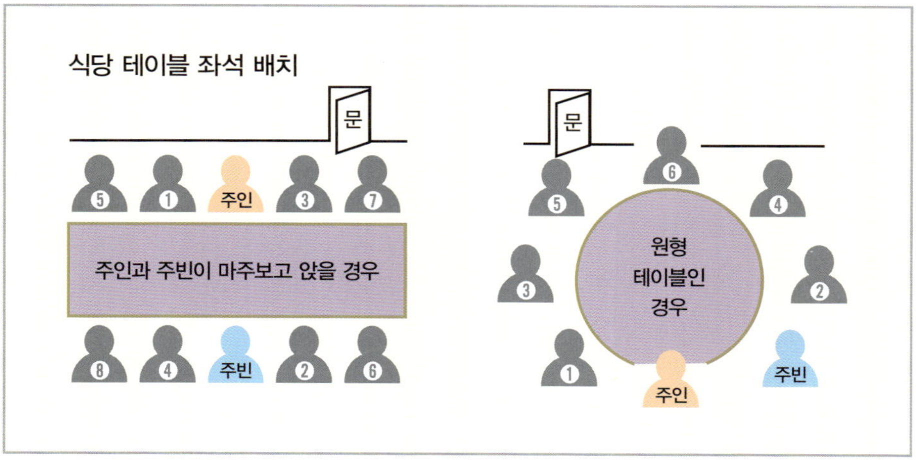

04 안내예절

고객을 안내할 때에는 정중하고 예의바르게 행동하는 것이 고객응대의 기본이라 할 수 있다.

1) 고객 안내 매너

(1) 고객을 안내할 때는 고객의 대각선 방향에 서서 2~3걸음 앞에서 방향을 제시하여 준비된 장소로 안내하도록 한다.

(2) 안내자는 눈, 입, 어깨, 손을 동시에 사용하여 안내하도록 하며, 팔은 45° 정도 위치로 들고 안내한다.

(3) 손가락은 가지런히 펴고 엄지손가락을 벌리지 않은 상태에서 손바닥은 위를 향하게 하여 방향안내를 한다.

(4) 고객이 길을 물을 경우, 고객 질문에 복창하여 안내하도록 하고 이때 시선 3점법을 이용하여 안내하도록 한다.

> **시선 3점법이란?**
> 고객의 눈 – 가리키는 방향 – 고객의 눈
> 예시) 고객님, 회의실 말씀이십니까? 회의실은 오른쪽에 위치해 있습니다.

(5) 고객에게 길을 안내할 때 팔의 각도를 이용하여 원근감을 표시하도록 한다.

(6) 고객이 돌아갈 때에는 "찾아주셔서 감사합니다" 등의 인사로 방문에 대한 감사의 마음을 전하는 것이 좋으며, 배웅 시 상황에 따라 엘리베이터나 현관 앞까지 배웅하는 것이 좋다.

(7) 안내는 상대방의 앞에 서서 이동하고 수행은 상대방보다 뒤에 서서 이동한다.

2) 문 여닫이에서의 안내 매너

(1) 앞으로 당기는 문

상사나 고객을 안내할 때에는 문고리를 잡지 않게 하는 것이 원칙이자 에티켓이다.
당기는 문은 안내자가 손잡이를 당겨 문을 열고 고객이 먼저 들어가도록 하고, 그 뒤 따라 들어가면서 조용히 문을 닫는다.

(2) 밀어서 들어가는 문

밀어서 여는 문은 먼저 문을 밀고 들어간 후 손잡이를 잡고 고객이 들어온 것을 확인 한 후 조용히 문을 닫는다.

(3) 회전문

회전문은 수동문일 경우 고객에게 양해를 구하고 먼저 들어가 문을 밀어 고객이 뒤따르도록 하며, 자동문일 경우 고객을 먼저 통과하게 한다.

학습 및 토론과제

1. 국제의전 5R 중 '상호주의 원칙'에 해당하는 국가간의 성공과 실패 사례를 찾아 발표하여 보자.

2. 다양한 장소에서 고객에게 길을 안내하는 실습을 하여 보자.
   (시선 3점법, 손 모양, 팔 모양 등을 고려하여 실습)

   - 가까운 거리, 먼거리의 장소를 각각 안내할 경우의 안내예절
   - 고객이 찾고자 하는 장소가 복도 모퉁이를 돌아야 하는 경우의 안내예절

MEMO

Chapter 12

취업면접 매너

❶ 성공취업을 위한 전략세우기 STEP – 1

❷ 성공취업을 위한 전략세우기 STEP – 2

❸ 성공취업을 위한 전략세우기 STEP – 3

학습목표

- 자기분석을 통해 자신의 흥미, 적성, 가치관 등을 알아본다.
- 직무분석을 통해 자신의 성향과의 적합도를 파악한다.
- 기업분석을 통해 가고자 하는 기업정보를 습득하여 본다.
- 성공면접을 위한 면접형태를 학습하여 본다.

사전점검

❶ 성장과정 작성시 가급적 감성적으로 작성한다. | YES | NO |

❷ 성격 장·단점 작성 시 업무성향을 고려하여 작성하도록 한다. | YES | NO |

❸ 면접 시 복장은 무엇보다 세련되고 유행에 따른 복장 매너를 갖추도록 한다. | YES | NO |

❹ '제가', '저의', '귀사' 등의 대명사 사용을 적극 활용하여 정중함을 더한다. | YES | NO |

❶N ❷Y ❸N ❹N

01 성공취업을 위한 전략 세우기 STEP-1

1) 자기분석

스펙보다 스토리가 중요해진 시대, 지금부터라도 인생 로드맵을 그려 자신의 진짜 모습을 살펴볼 때이다.

진로탐색에는 '자기 이해'와 '세계 이해'로 나뉠 수 있다.

'자기 이해'는 자신의 흥미, 적성, 성격, 가치관 등을 아는 것이고, '세계 이해'는 다양한 직업 세계와 미래의 트렌드를 공부해나가는 것이다.

따라서, '자기 이해'와 '세계 이해' 영역의 균형이 필요하며, 자신의 특장점을 파악 후 알맞은 직업군을 탐색하여 선별하여 보고, 관련 직업군 트렌드 및 비전을 알아보는 것이 매우 중요하다.

2) 자기분석의 흐름

HAVE-WANT LIST를 통해 자신을 좀 더 면밀하게 파악하여 보자.

1. Have-Want

현재 소유하고 있는 나의 강점이나 소중하고 가치있는 요소들, 그래서 앞으로도 내 인생에서 지속하거나 보유하기 위해 노력해야 할 내 역량이나 모습

2. Have-Don't Want

현재 가지고 있지만 원하지 않거나 버리고 고쳐야 할 나의 약점이자 개선하고자 노력해야 할 내 습관이나 모습

3. Don't Have-Want

현재 가지고 있지 않지만 앞으로 원하며, 그것을 추구하고 획득하기 위하여 노력하고 애써야 할 내 역량이나 모습

2. Have-Don't Want

현재 가지고 있지도 않고, 앞으로도 가지길 원하지 않으며, 가지지 않기 위해 지속적으로 노력하고 관리해야 할 내 습관이나 모습

작성하기

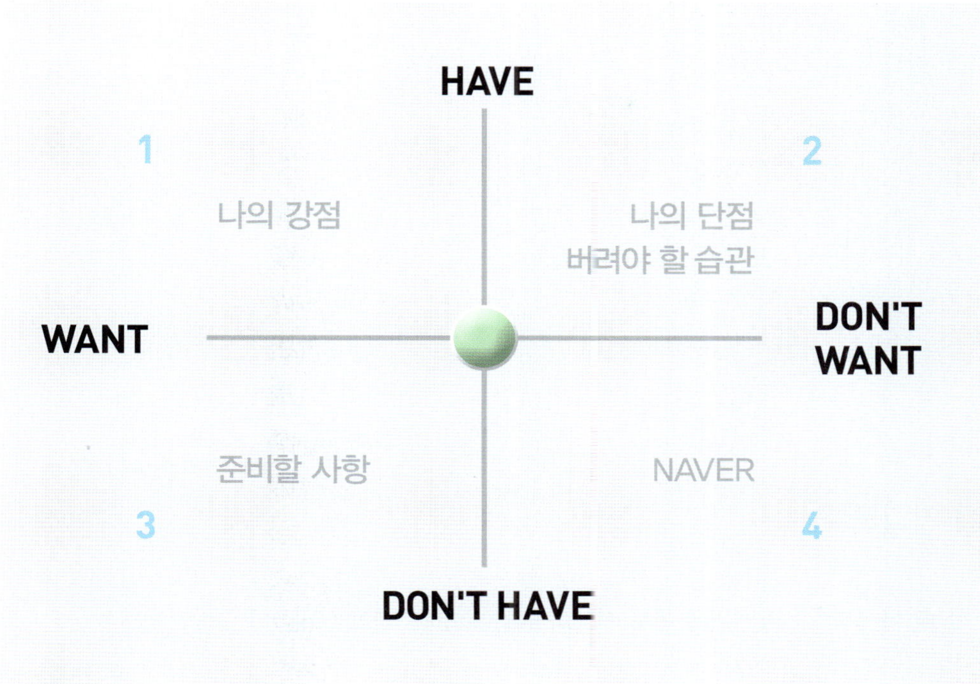

3) 직무분석

직무분석은 분석 대상이 되는 직무에서 어떤 활동이나 과제가 이루어지고 작업조건이 어떠한지를 알아내어 기술한 것으로 해당 직무를 수행하는 사람에게 요구되는 지식, 기술, 능력과 같은 인간적 요건이 무엇인지 한눈에 볼 수 있도록 기록된 것이다.

이 과정을 통해 직무자체 및 작업환경을 간접적으로 경험하고 자신의 하고자 하는 직무 파악에 활용되기 때문에 자기분석이 끝나면 직무분석을 통해 직무와 자신의 적합도를 파악할 수 있게 된다.

아래 사이트를 통해 직업정보를 탐색한 후, 본인이 원하는 직무들이 공통적으로 필요로 하는 핵심역량이 무엇인지를 찾아본 뒤 자신이 지닌 역량과 매칭하여 본다.

이때, 같은 직무라도 산업에 따라 달라질 수 있으므로 직무와 산업을 동시에 파악하는 것이 반드시 필요로 하다.

직무분석 정보를 아래의 사이트를 통해 참고하여 알아보자.

워크넷 http://www.work.go.kr

커리어넷 http://www.career.go.kr

4) 기업분석

먼저 이력서를 작성하기에 앞서 선행되어야 할 것은 '기업분석'이다.

기업분석은 '기업이 원하는 능력'이 무엇인지를 찾아내는 과정으로 기업의 홈페이지에 있는 기본 정보를 충실히 모으자. 이 과정에서 기업의 미션, 인재상 등을 통해 나와 가치관이 맞는 기업인지를 가늠할 수 있으며, 기업의 재무제표를 통해 기업의 안전성, 수익성, 성장성 등을 확인할 수도 있다.

마지막으로 기업의 주요 '이슈 및 동향'을 파악하도록 한다. 가고자 하는 해당 기업의 정보를 뉴스 등을 통해 알아보거나, 관련 분야에 근무중인 지인을 통해 정보를 습득하여 아래 표를 완성하여 보자.

기업분석 예시

희망기업		희망직종	

항목	세부항목	분석결과
기업문화	경영이념	
	비전/미션	
	인재상	
사업내용	사업현황	
근무조건	초임수준	
	복리후생 교육훈련	
기업 이미지	홈페이지	
	광고내용	
	최근기사	
직무정보	업무내용	
	필요적성	

5) 채용시장 흐름분석

성공적인 취업을 위해 자기분석 – 직무분석 – 기업분석이 마무리가 되면 이제 본인이 가고자 하는 기업들의 채용흐름을 파악하는 것이 좋다. 예로, 최근에는 공기업 및 공공기관에서 NCS(국가직무능력표준)기반 채용공고가 눈에 띄게 늘고 있다. 즉 직무역량과 관련된 직무수행능력을 갖추고 있는지를 체계적으로 평가하는 채용도구이다.

이처럼, 본인이가 가고자 하는 채용시장 변화를 능동적으로 분석, 준비해 유리하게 활용할 방안을 모색하는 자세가 필요로 하다.

02 성공취업을 위한 전략 세우기 STEP-2

이제 기본적인 준비가 마무리되었다면 본격적으로 이력서와 자기소개서를 준비하여 기업 맞춤형 인재로 거듭나도록 한다.

1) 이력서

이력서를 통해 기업의 인사담당자가 지원자의 역량이나 능력, 태도 등을 판단할 수 있는 자료가 되므로 지원자는 솔직하고 성실하게 문서를 작성해야 한다.

이력서의 경우는 기업에서 준하는 양식이 있고, 자유양식이 있다. 기업에서 정해진 양식이 있는 경우나 양식이 없는 경우 두 가지다 빠진 항목이 없도록 꼼꼼히 작성하여 성의를 보이는 것이 좋다.

이력서와 자기소개서를 작성함에 있어 가장 중요한 잣대는 바로 "계량화가 가능한가"이다. 이를 테면, 계량화가 가능한 항목의 경우 '전공·자격증·외국어점수·인턴 경험 유무 및 기간' 등이 있으며, 계량화가 불가능한 항목의 경우는 성격적 특성을 나타내는 '진취적·협력·예의·유연한 사고와 창의력' 등이 있을 것이다.

계량화가 가능한 것은 이력서에, 계량화가 불가능한 항목은 '자기소개서'에 작성되는 것이 맞다.

그럼, 이력서 항목별로 알아보자.

(1) 사진

이력서의 사진은 자신을 가장 먼저 알리는 첫 이미지가 될 수 있다. 이력서에 사용하는 사진은 일반적으로 반명함판을 사용하는데 사람을 긍정적으로 보이게 하는 파란계열의 색상은 신뢰도를 높여주기 때문에 참고한다.

안경은 가급적이면 일반테를 이용하고(무테 및 뿔테는 지양할 것), 호감주는 표정연출을 위해 적당히 미소를 머금고 사진을 찍는 것이 좋다.

남학생의 경우, 헤어는 이마가 보이는 헤어연출과 검정색, 감색 등의 기본 계열 정장과 푸른계열의 넥타이를 매치하여 신뢰감을 주는 이미지를 완성하도록 한다.

여학생의 경우, 귀가 보이는 헤어연출이 좋으며, 액시서리는 가능한 최소한으로 하되, 과도한 앞머리연출은 피하도록 한다. 앞머리의 경우는 눈썹이 보이는 길이가 적당하며, 사진 촬영시 조명으로 인해 화장이 묻힐 수 있으므로 메이크업과 단정한 복장연출에 신경쓰도록 한다.

(2) 희망직무 및 기본 인적사항

희망직무의 경우, 명확히 자신이 하고자 하는 직무를 작성하여야 하며 희망연봉 또한 회사내 규율에 맞지 않는 금액보다는 '내규에 따름'정도가 가장 적당하다. 이외 학력, 병역사항, 가족사항, 자격 및 면허도 빠트리지 않고 꼼꼼히 작성하도록 한다. 단 자격증 작성 시

국가가 공인한 자격증을 적는 것이 좋으며, 예외적으로 지원 분야와 관련된 자격증일 경우는 비공인 자격증도 작성하도록 한다.

(3) 경력사항

경력사항의 경우, 대학 졸업반이거나 사회경험이 없는 지원자들은 다소 혼란이 올 수 있는 항목이기도 하다. 하지만, 인턴 및 아르바이트 경험도 직무경험을 위해 전략적으로 접근을 한다면 취업에 당연히 도움이 될 수 있다. 단 본인이 가고자 하는 직무와의 연관성을 염두해두고 선택하는 것이 좋으며, 관련 없는 직종의 아르바이트 경험을 갖고 있다면 이를 이력서에 작성하기 전에 어떻게 접근할 것인가를 먼저 고려해보는 것이 좋다.

즉 무차별적으로 자신의 경력 사항을 늘어놓는 것보다 관련 직종과 지원업무와 관련한 것을 선별하여 작성하는 요령이 필요하다.

(4) 특기사항

어학성적 및 대외활동 등을 작성하는 항목이 있다. 어학성적의 경우는 회사에서 제시한 점수요건을 살펴보고 작성하도록 하며, 대외활동의 경우는 상벌사항이나 봉사활동 등을 작성하되 항상 명심해야 할 것은 지원회사 분야와의 연관성을 잘 생각하여 작성 및 준비하도록 한다.

차이항목	완성된 계획	완성해야 할 계획
학력 및 학점관련		
전공 자격증 관련		
외국어 활용 능력 관련		
컴퓨터 활용능력 관련		
연수경험관련 (어학연수, 인턴십, 직장체험 등의 경력)		
학생 경력 관련 (교육참여, 공모전, 봉사활동 등의 경력)		
직장 경력 관련 (아르바이트, 인턴, 정규직장등의 경력)		
기타		

2) 자기소개서

자기소개서를 작성하기 앞서 준비했던 기업분석을 토대로 작성하는 전략이 필요하다. 자기소개서는 단순히 글쓰기가 아닌 자신을 PR하는 귀중한 한 장이므로 작성을 할 때에는 반드시 현실적이고 구체적이어야 하며, 전달하고자 하는 내용의 핵심을 요약하여 작성할 수있는 기술이 필요하다.

무엇보다 자기소개서에는 직무에 대한 자신감, 본인만의 경쟁력, 명확한 지원동기, 장기근무계획, 업무와 관련한 성격, 확고한 입사의지 등이 담겨져 있어야 한다.

자기소개서 항목	포함할 사실 / 경험	중요순서
성장과정	가족이나 친척을 통한 직업적 기본소양	4
	지원하고자 하는 기업의 인재상과 관련된 가치관 형성배경	
	부모님의 가르침	
	생활신조	
	형제 및 자매간의 우애	
성격의 장단점	자신의 업무적인 장점을 부각시킬 수 있는 구체적인 일화	2
	단점을 파악(장점과 단점으로도 활용될 수 있는 것을 착안)	
	단점을 극복하고자 노력한 사항 및 결과	
학교생활	교우관계	3
	대학에서 배운 전문가로서의 지식과 소양	
	전공과 관련된 프로젝트 참여 및 완성에 기여한 정도	
	커뮤니티 활동	
지원동기 및 입사 후 포부	지원하고자 하는 기업에 대한 직접 또는 간접 경험	1
	기업분석을 통한 지원 기업의 장점과 단점	
	직무와 관련된 아르바이트 및 인턴경험을 통한 자기발견	
	기업분석에서 드러난 기업의 장점 극대화와 단점의 극복방안제시	
	입사 후 구체적인 자기개발 방안	
	근무하면서 지킬 행동강령	

03 성공취업을 위한 전략 세우기 STEP-3

변화하는 글로벌 비즈니스 환경에서 '인사(人事)가 만사(萬事)'란 격언처럼 많은 기업에서 훌륭한 인재를 찾기 위해 다양한 노력을 기울이고 있다. 즉 인재를 찾기 위한 방법으로 면접종류를 다양화하여 옥석을 가려내기 위한 시도를 다방면으로 하고 있다고 하여도 과언이 아니다.

특히 면접의 경우는 내 의사와 상관없이 면접관의 주관으로 평가되어진다. 때문에 면접을 준비하기 앞서 무엇보다 내가 가고자 하는 기업의 면접관 생각 외에 어디에 기준점을 두고 준비를 해야 하는지를 깊게 생각해야 한다.

앞서, 내가 가고자 하는 기업에 대한 분석, 그리고 지원하는 직무분야에 대한 분석, 자신에 대한 분석 등 3가지가 잘 갖춰졌다면, 이제 면접을 본격적으로 준비할 수 있는 기본자세를 갖추게 된 것이다.

1) 면접유형

(1) 단독면접 · 개별면접

면접관과 면접자가 1:1형식으로 진행하는 단독면접과 다수 면접관과 1명의 면접자가 면접을 진행하는 개별면접이 있다.

일반적으로 단독면접은 주로 중소기업의 규모 회사가 채택하는 방법이기도 하며 개별면접은 공무원면접 등에서 채택하여 진행하고 있다.

단독·개별면접의 형태의 취지는 원래 소수의 인원을 선발하기 위해 진행하여 왔지만, 지원자의 여러 측면을 심층적으로 관찰 할 수 있고 정밀검증이 가능하다는 장점이 있어, 최근에는 주요 대기업에서도 집단면접 형태에서 개별면접 형태로 확대되고 있는 추세이다.

단독면접이나 개별면접이 면접자의 입장에서는 심리적 압박감과 긴장감이 발생될 수 있지만, 이를 기회삼아 오히려 개인의 전문성과 역량을 충분히 보여줄 수 있는 장점이 있으므로 평소 자연스럽고 편안한 분위기에서 답변을 하는 훈련을 충분히 하여 호감을 줄 수 있는 대화법으로 어필할 필요가 있다.

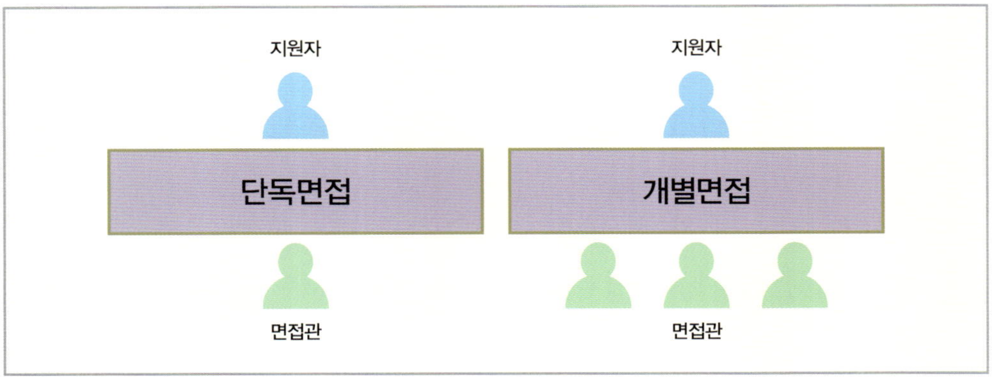

(2) 집단면접

국내 대부분의 기업의 신입공채 1차 면접에서 많이 활용되는 면접방식이다. 무엇보다 여러 면접자들을 다수의 면접관들이 함께 면접을 진행하므로 면접자 개개인의 언어 구사능력, 경청능력 등을 비교분석하여 평가할 수 있으며, 동일한 질문에 대한 답변의 차이점 등을 볼 수 있다. 이 외에, 시간소모가 적게 든다는 장점이 있지만, 개개인에 대한 다양한 정보를 얻기는 힘들다는 단점도 있다. 따라서 면접자는 자신의 존재감을 드러내는 것이 무엇보다 중요하며, 제한된 시간 내 자신의 의견을 두괄식 전개로 논리적이고 간결하게 답하는 준비가 필요하다. 단 지나치게 튀는 답변이나 태도는 오히려 감점의 우려가 크므로 유의해야 한다.

선 자세

앉은 자세

(3) 토론면접

토론면접은 주어진 주제를 가지고 6~8명의 면접자들 간 토론하는 과정을 통해 다수의 면접관들이 이를 평가하는 방법으로써, 설득력, 협상력, 말하는 태도, 리더십 등의 능력을 살펴볼 수 있다는 장점이 있다. 또한 면접자 각각의 토론스타일을 통해 해당기업의 적합도를 알아보기 위한 방법이 되기도 한다.

토론면접에 앞서서, 유의해야 할 사항은 토론을 진행하다보면 자연스레 의견충돌이 생기는 경우가 허다하다. 하지만 중요한 것은 토론면접의 목적은 바로 협력성과 상대방과의 커뮤니케이션의 중요성을 보는 것이므로, 자신의 의견에 대해 논리를 가지고 설득력 있게 피력하는 것이 좋으며 상대에 대한 배려도 잊지 말아야 한다.

기업은 똑똑한 사람보다 자신이 가진 능력을 조직에 기여할 수 있는 면접자를 눈여겨 본다는 것을 잊어서는 안 될 것이다. 따라서 토론면접에 앞서 충분한 사전지식과 연습이 수반될 필요가 있다.

토론면접의 두 가지 방식

구분	공통점	차이점
찬반토론면접	• 논리적인 사고와 발표능력 • 문제해결능력 • 소통방식과 매너, 경청능력 • 적극성과 주도력 • 팀워크 능력	• 협력하고 경쟁하는 태도 • 토론주제 관련지식 수준과 가치관
토의면접	• 논리적인 사고와 발표능력 • 문제해결능력 • 소통방식과 매너, 경청능력 • 적극성과 주도력 • 팀워크 능력	• 협업능력 • 목표지향적 태도와 팀 기여도

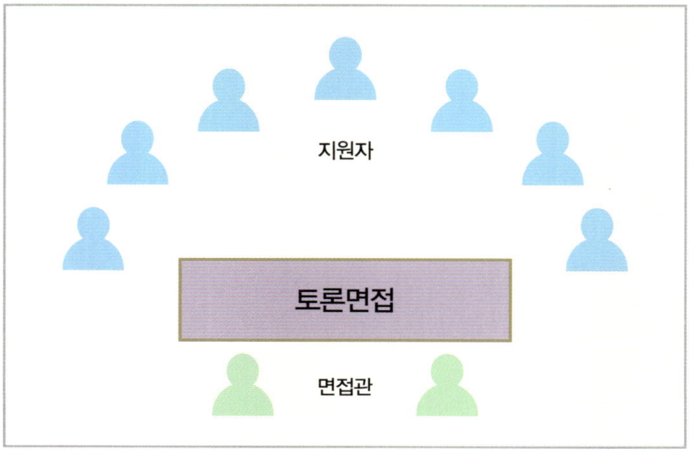

(4) 프리젠테이션 면접(PT면접)

프리젠테이션 면접은 일반적으로 5~6개 이상의 주제를 사전에 공지 받아 1개의 주제를 선정하여 일정한 시간 동안 자료 및 발표준비를 통해 면접관 앞에서 발표하는 형식으로 보통 5분 내외로 진행되는 면접방식이다.

발표내용 뿐 아니라 자신감과 논리력, 표현력, 설득력, 창의력, 발표력 등이 중요한 평가기준이 된다. 또한 정해진 짧은 시간 내에 자신의 생각을 요약하여 발표해야 하기 때문에 쉽고 간결하게 전달하는 의사전달능력과 문제해결능력 등도 평가대상이 되므로 주어진 시간 내에 결론을 도출할 수 있어야 한다.

다만, 정확하지 못한 데이터나 추측성 발언은 오히려 신뢰를 잃을 수 있으므로 근거가 명확한 자료를 가지고 체계화된 논리로 발표하는 것이 중요하다.

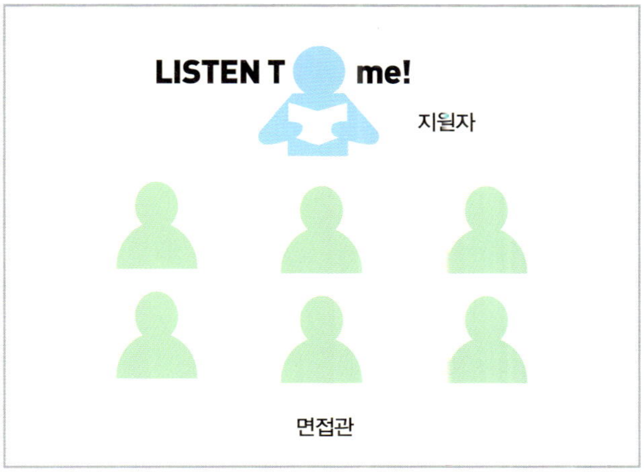

(5) 영어 면접

영어면접은 일반적으로 외국계 회사나 영어를 반드시 필요로 하는 직무일 경우 진행되어 왔다. 하지만, 최근 대기업은 물론 중소기업들의 입사시험 경향을 살펴보면, 스펙보다 면접을 통한 실무지식이나 영어 커뮤니케이션능력 평가에 중점을 두고 있다.

이미 많은 면접자들이 공인영어시험에서 높은 점수를 받고 있지만 실질적인 실무지식이나 영어 커뮤니케이션은 부족하기 때문에 이를 평가하기 위해 영어면접을 시행하는 곳이 적지 않다.

영어면접은 기본적으로 '말하기'이지만, 이에 대비하기 위해 면접관의 질문이나 의도를 면접자가 얼마나 정확히 알아차리는지가 관건이므로 꾸준한 연습이 필요하다. 영어면접에서 면접관이 기대하는 것은 유창한 발음이 아니라 의사를 정확하게 전달하는 능력을 보는 것임을 잊지말자.

특히 외국계 회사의 경우는 의사소통 능력 뿐 아니라 번역능력을 알아보기 위한 일환으로 영자신문 및 잡지를 읽고 번역하는 등의 방식이 활용될 수 있으므로 사전에 해당 기업체의 기출문제를 통해 미리 연습하는 것이 필요로 하다.

(6) 기타 특수면접

면접형태가 다양화되면서 단순히 한정된 공간에서 면접자를 평가하는 것이 아닌, 합숙면접, 레저, 스포츠 등 회사 밖에서 진행되는 면접형태가 진행되고 있다.

이와 같은 특수면접을 통해 자유로운 분위기 속에서 인성과 소통 그리고 화합과 협동심을 평가하기 위해 해당 기업의 임원급 직원들이 면접관으로 참여해 면접자들을 실시간 평가 공유하며 인재를 선발하기도 한다.

학습 및 토론과제

1. 자신이 하고자 하는 직무와 가고자 하는 기업을 선정하여 각각 분석하여 발표해보자.

2. 실전모의면접을 실습해보자.

참고문헌

- 강나경, 생활예절과 이미지 메이킹, 공동체, 2012.
- 김경환, 호텔경영학, 백산출판사, 2013.
- 김주미 외, 프로교사를 위한 이미지 메이킹, 창지사, 2014.
- 민병철, 결국, 좋은 사람이 성공한다, 넥서스, 2013.
- 손병욱 외, 스마트시대의 인성과 예절, 경상대학교출판부, 2013.
- 손일락 외, 성공적인 면접과 취업의 길라잡이 비즈니스 매너의 이해, 한올출판사, 2014.
- 심윤정 외, 고객서비스 실무, 한올출판사, 2015.
- 오정주 외, 성공적인 취업과 직장예절의 길잡이, 한올출판사, 2014.
- 유민임, 대학생을 위한 인성 예절 교육, 창지사, 2013.
- 이경미, 글로벌 비즈니스 매너, 한올출판사, 2014.
- 이인경, 인파워 & 서비스이미지 메이킹, 백산출판사, 2013.
- 이형국 외, CAREER DESIGN 역량기반 진로설계, 한올출판사, 2015.
- 정지수, 이미지 메이킹 파워, 백산출판사, 2013.
- Edward T. Hall, 숨겨진 차원, 한길사, 2013.

웹 사이트

- 네이버 지식백과
- 위키백과
- 호텔용어사전
- http://blog.naver.com/babillon5584/220285117867
- 경남매일 (http://www.gnmaeil.com/news/articleView.html?idxno=284963)
- 경향신문 (http://news.khan.co.kr/kh_news/khan_art_view.html?artid=201407042106065&code=910302)
- 동아뉴스 (http://news.donga.com/3/all/20080627/8595248/1)
- 한겨레신문 (http://www.hani.co.kr/arti/specialsection/newspickup_section/333502.html)
- 블로그 http://s2589000.blog.me/50151711102
- http://blog.naver.com/2icct/220570728663
- http://blog.naver.com/thmake01?Redirect=Log&logNo=220467267330
- http://blog.naver.com/seal1963/30176598124
- 보건복지부 e하늘장사정보시스템 http://www.ehaneul.go.kr/contentsS.do?id=M010301001
- 김현정(2014). 여대생의 취업을 위한 이미지 컨설팅에 관한 연구 : 서비스업 중심으로. 중앙대학교 석사 학위 논문
- 김명희(2003). DISC행동유형에 따른 결혼만족도 및 자녀양육행동 연구. 숙명여자대학교 박사 학위 논문
- 김은경(2008). 대학생의 경조사매너교육에 대한 인식 연구 : 서울시 4년제 남녀공학을 대상으로. 성신여자대학교 석사 학위 논문
- 원은진(2005). 대학생의 비즈니스 매너와 공감능력 및 자아존중감의 관계 연구. 성신여자대학교 석사 학위 논문
- 이애선(2013). 리조트 종사원의 서비스 마인드 제고를 위한 교육프로그램 구성에 관한 연구. 세종대학교 석사 학위 논문.
- 임관영(2013). 의전 서비스가 인천국제공항의 이미지 형성에 미치는 영향에 관한 연구. 한국항공대학교 석사 학위 논문.

찾아보기

로마자

저자소개

심윤정

경성대학교 호텔관광경영학 박사

현) 경성대학교 호텔관광경영학부 외래교수

KPC한국생산성본부 사회능력개발원 NCS직업기초능력평가 출제위원

고샛별

동아대학교 의상섬유학 석사

현) 동의과학대학교 호텔관광서비스과 겸임교수

창원문성대학교 유아교육과 겸임교수

이미지UP

글로벌매너와 에티켓

1판 1쇄 인쇄 2021년 3월 5일
1판 1쇄 발행 2021년 3월 10일

저 자 - 심윤정 고샛별
발 행 인 - 강철원
발 행 처 - 양성원
주 소 - 경기도 파주시 검산로 173번길 29-20
전 화 - 031-946-3861(代)
팩 스 - 031-946-3864
이 메 일 - tnwpub@naver.com
홈페이지 - tnwpub.co.kr
출판등록 - 2015년 8월 31일 제 2015-000211 호

ISBN 979-11-6126-318-2

정가 19,000원